歴史文化セレクション

江戸の禁書

今田洋三

吉川弘文館

目次

偽書の時代

『禁書目録』

禁書とは

明和八年（一七七一）八月のこと、京都の本屋仲間が、『禁書目録』という小冊子を作って仲間内に配った。

1　『禁書目録』

本書が扱う範囲

明和八年といえば、田沼時代の前半の時期。この年三月、江戸小塚原で、前野良沢・杉田玄白らが死刑囚の遺体の腑分《ふわ》け（解剖）を経験し、『ターヘル・アナトミア』の翻訳に着手した。洋学発展の画期の年である。この前の年に、鈴木春信が没している。かれが創始した江戸錦絵《にしきえ》が、江戸出版界に新しい彩りを添えつつあった。科学と文芸の両面に奇才を発揮した平賀源内が活躍し、平秩東作《へずつとうさく》や大田南畝らの新しい文芸活動がはじまっていた。こうした新しい文化の胎動がでてきた時期に、京都書物屋仲間が『禁書目録』をまとめ、刊行したのである。

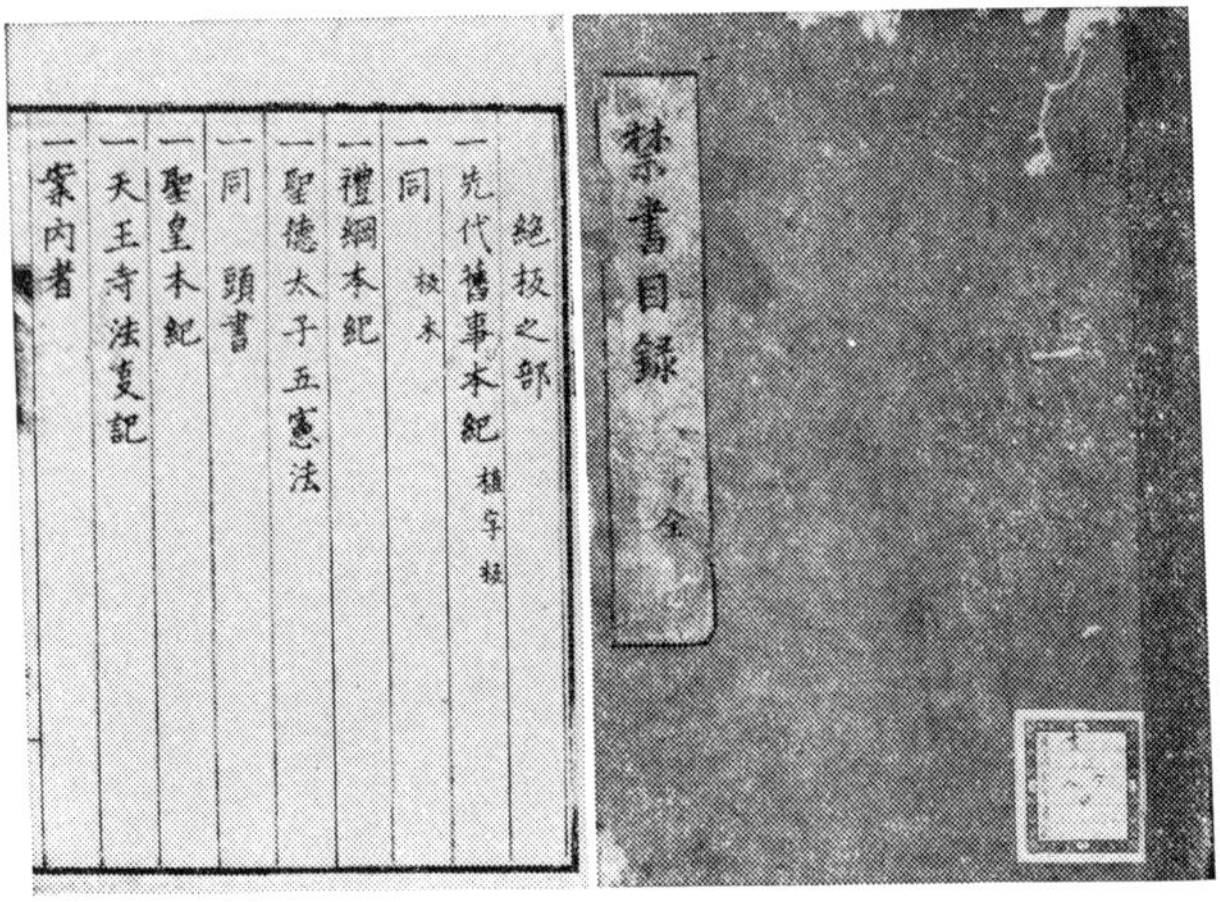

『禁　書　目　録』
（東京大学総合図書館所蔵）

出版界では江戸根《ね》生《お》いの書物屋が急速に勢力を伸ばしていた。それに圧倒されて、元禄以来、江戸の出版界を牛耳っていた京都本屋の出店が、つぎつぎと閉店のやむなきに至っていた。

京都本屋仲間としては、このあたりで結束を固め、守成の実をあげるためにも、さまざまな話合いがおこなわれたであろう。この際、業界の混乱や権力の介入をさけるため、あらためて『禁書目録』が作られたのであろう。それはまた、江戸出版界に対する一つの牽制策でもあったにちがいない。

明和八年の『禁書目録』は、このような状況下で作られたのだが、同時にそれは、これまでの出版の創業・発展の時代――近世前半期の書物文化の発展と幕藩制権力との葛藤を物語るものでもある。

私のこの小著は、江戸時代初期以来、『禁書目録』がでたころまでの書物文化の展開を、禁書――出版・売買を禁じられた書物――の考察を通じて概観しようとするものである。

タイトルは『江戸の禁書』となっているが、これは「江戸時代前半期の禁書」として読んでほしい。残された江戸時代後半は、『続江戸の禁書』としてまとめたいと思っている。

禁書の種類

明和八年『禁書目録』の序文は、この冊子の発刊の主旨を、つぎのようにのべている。

ここには江戸時代、どんな書物が禁書に指定されたかも語られている。

むかしから御制禁の唐本《とうほん》（中国から輸入された本）・和書、並びに絶版・売買停止を命じられた書物、そのほか秘録・浮説などの写本、好色本の類は、たとえどんなに薄く小さな冊子でも取扱ってはならない。

常に堅く守っていなければならない出版の法令は、毎年の正・五・九月の書物屋仲間総会の折、念をいれて戒めとしてきたのであるが、発禁の書物も多く、一つ一つ記憶しておくこともむずかしいので、禁書目録を作って印刻して小冊とし、書物屋それぞれに備え、誤りを犯さないようにした。この目録は、遺脱過誤もあろうかと思う。これをみる人はそれぞれ漏れたり誤ったりしている書名があれば正してほしい。

以下、書物屋として出版・売買禁止の書物、つまり禁書を五種類にわけて、書名を列挙している。第一種は、キリスト教関係の書物。これは南京船《なんきんせん》（中国船）が日本に持渡る唐本の中に漢文で書かれた「国禁耶蘇書」が交っていることがあるので、目録をあげて禁止を徹底しようとしている。ここでは貞享二年（一六八五）に示された「国禁耶蘇書」の目録がかかげてある。

第二種は、書本《かきほん》（写本）で売買禁止に指定されたか、あるいは幕府の統制令にふれる恐れのある書物。

第三種は、刊本で絶版処分になった書物。

第四種は、京都書物屋仲間の判断で売買停止と指定された書物。売買停止の理由はよくわからぬが、第三種の絶版処分とはちがうようである。

第五種として、素人の出版物や他国の出版物で、京都書物屋仲間として売買を断っている書物。

以上をみると、幕藩支配体制に抵触するために刊行・売買を禁止された本来の禁書は、第一種・第二種・第三種の書物ということになろう。

しかし、同じ禁書といっても、第一種の「国禁耶蘇書」と第二種・第三種のものとでは、意味あいがちがう。第一種のものは、キリスト教禁圧政策にともなって、海外（この場合中国）からのキリスト教関係の書物の輸入を遮断しようとするものである。第二種・第三種の書物は、国内で書かれ、また出版されたもの、すなわち国書のうち禁書に指定されたものである。

禁書『古状揃』はまちがい

江戸時代、国書のうち禁書処分をうけ、それにともなって著作者・出版者・販売者が処罰をうけた最初の事件は、まだ確かめえない。宮武外骨『改訂増補筆禍史』によると、慶安二年（一六四九）『古状揃《こじようぞろえ》』なる書物が、徳川家康の手紙（豊臣秀頼に仕えていた大野主馬宛）、家康宛の秀頼の手紙、これを「大坂状」「同返状」として載せ、絶版に処せられたとある。また板元の西村伝兵衛という大坂の本屋は斬首の刑に処されたという。これが江戸時代筆禍の最初だとされている。

しかし、この事件は、何を出典としているのか明示されていない。しかもこの書物は家康の名前だけを削って、その後も売られている。宝暦五年（一七五五）になって、板元西村市郎右衛門が「大坂状」を削除する旨、京都本屋仲間行司に届けでている。その点、外骨の筆禍史は考証不行届きである。

筆禍の名に値し、禁書処分をうけた最初の事件は、寛文六年（一六六六）十月、山鹿素行が『聖教要録』を著わし朱子学を批判したというかどで「不届《ふとどき》成る書物仕《つかまり》り候間、浅野内匠頭《たくみのかみ》へ御預け」（『泰平年表』）と処分された事件であろう。しかし、それとても素行を排撃した大老保科正之が没すると許され、その思想も禁圧されることはなかったのである。

寛文十二年、宇都宮由的《ゆてき》の『日本人物史』が忌諱《きい》にふれて処罰をうけた事件あたりが、禁書処分の名に値する事件といってもよい（六〇頁参照）。

以後、禁書処分がつぎつぎとおこなわれるのが、五代綱吉の時代であり、おりにふれて出版統制令がだされるが、整った出版条目として発令され、幕末に至るまで、出版統制の基本法として効力をもつのが、享保七年（一七二二）の出版条目である。

明和八年『禁書目録』にあげられている第二種・第三種の禁書は、この享保七年出版条目に照らして禁書とされたのがほとんどなのであった。

享保七年の出版条目

つぎに、享保七年の出版条目を現代文に意訳してあげておこう。

第一条　今後、新板の書物を出す場合、儒書・仏書・神書・医書・歌書などすべての書物について、一通りのことを書いてあるものは格別だが、「猥成儀異説《みだりなるぎいせつ》」等を取《と》り交《ま》ぜて書いたものは厳禁である。

第二条　これまで刊行された書物のうち好色本の類は、風俗を乱すもとになるので絶版とせよ。

第三条　人々の家筋・先祖のことなどを、新作の書物に書き現わし、世間に広めることは禁止する。もしこうした書物があって、子孫から訴えが出た場合は、厳しく吟味する。

第四条　何の書物であろうと、今後板行する場合は、作者・板元の実名を奥書《おくがき》にすること。

第五条　権現様《ごんげんさま》（家康のこと）のことはもちろん、将軍家のことを書いたものは、板本・書本《かきほん》（写本）ともに禁止である。どうしても将軍のことを出さざるを得ない時は、奉行所の指図をうけて板行せよ。

右の定《さだめ》を守り、今後、新作の書物を出す場合は、よく吟味して商売すること。もし定に背く者がいた時は奉行所へ訴えよ。後になって違反が判明した場合でも、板元・書物問屋に厳罰を課すであろう。新板物は、仲間内でよく吟味し、違反なきよう心得よ。

つまり禁書指定の条件は、

(1)「猥成儀異説」が書かれているもの。つまりつぎの(2)～(5)に該当しないもので、幕藩にとって都合の悪い書物は、すべて「猥成儀異説」が書いてあるとして弾圧することができた。
(2) 好色本。
(3) 人々（とくに大名諸家）の家筋・先祖のことを書いた本。
(4) 作者・板元の実名が書かれていない本（つまり検閲をうけていない本）。
(5) 徳川家康をはじめ将軍家のことがでてくる本。
の五つであり、とくに(1)〜(3)・(5)は刊本だろうと、書本《かきほん》（写本）だろうと禁圧の対象となるのである。

禁書の目録

「国禁耶蘇書」

それでは、明和八年『禁書目録』にあげられている書物は、具体的にどんな書名のものであろうか。第一種・第二種・第三種の書物について、つぎに書名をかかげておく（ただし、『禁書目録』の書名は不正確であったり略称が用いられたりしているので、できるかぎり正確な書名に直してかかげる。また、書名につけた番号は、原本にはないが、整理の都合上、筆者がつけたものである）。

第一種　「国禁耶蘇書」目録

これは貞享二年（一六八五）に指定された目録を踏襲したものである。本書の中では、特に「国禁耶蘇書」にはふれていないので、ここで内容説明を簡単に付しておく。この説明は主として伊東多三郎

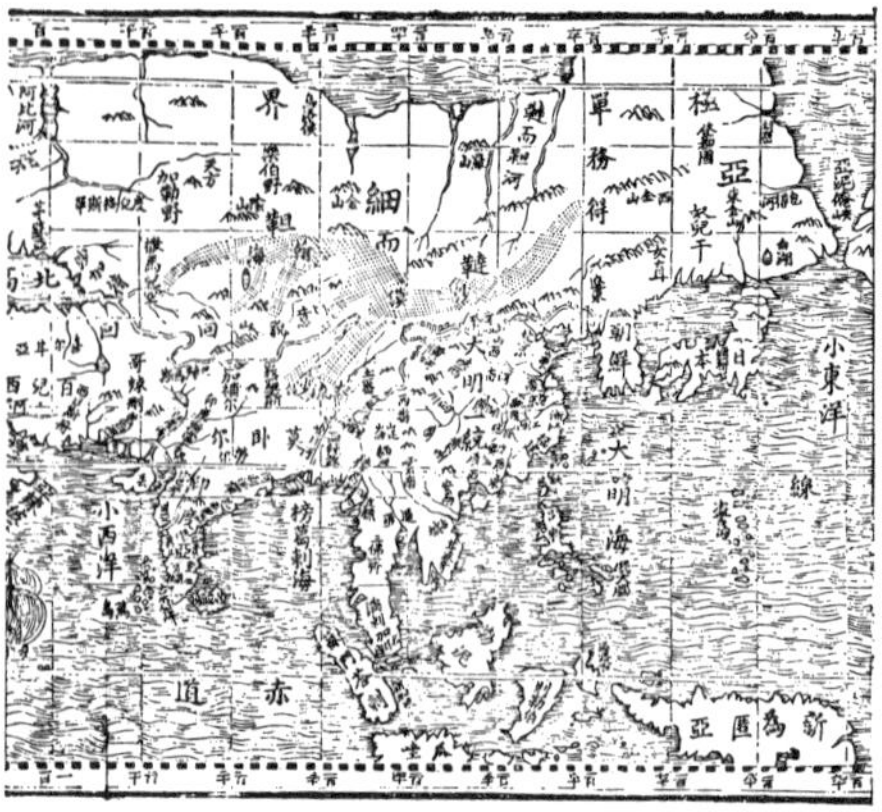

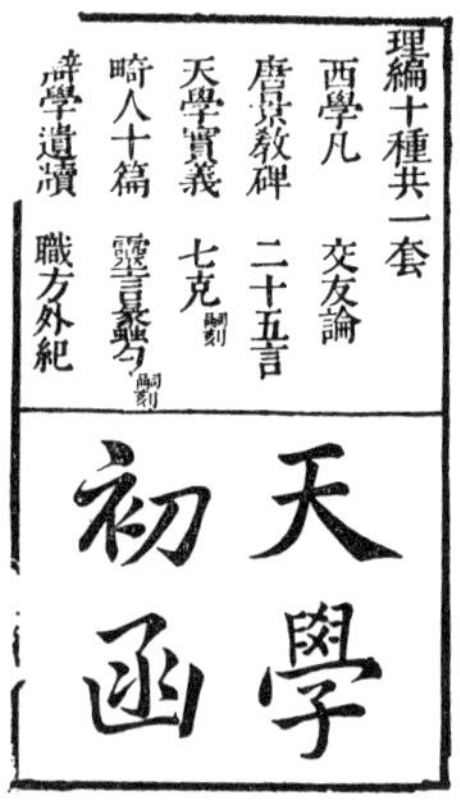
理編十種共一套
西學凡　交友論
唐景教碑　二十五言
天學實義　七克
畸人十篇　靈言蠡勺
辯學遺牘　職方外紀

天學初函

『天学初函』の理編目録と『職方外紀』

『天学初函』は西洋科学・耶蘇教の解説書シリーズ。その中の『職方外紀』に世界地理が解説されている。これはその中の亜細亜（アジア）の地図である。(国立公文書館所蔵)

氏「禁書の研究」（『歴史地理』六八巻四・五号）に負うものであり、また吉田寅氏の教示にあずかった。

(1)　『天学初函《てんがくしょかん》』　宣教師マテオ・リッチ（イタリア人、中国名、利瑪竇《りまとう》）に帰依した明人李之藻《りしそう》が編纂した漢訳洋書の叢書。単行の書物名ではない。二〇種の書を理編・器編各一〇種に分けて収めている(以下の書名のうち、＊印はこの叢書に含まれているものである)。

(2)　＊『幾何原本《きかげんぽん》』　ユークリッドの幾何学の書の漢訳。三角形・線・円・比例などが論じられている。

(3)　＊『職方外紀《しょくほうがいき》』　艾儒略《がいじゅりゃく》（イタリア人イエズス会士、アレーニ）の世界地理の書。世界地図と五大州の地理・風俗・産物についてのべてある。

(4)　『万物真原』　艾儒略の著。キリスト教の宇宙観をのべ、造物主の天地創造を強調している。

(5)　『弥《み》撒《さ》祭義《さいぎ》』　艾儒略の著。キリスト教の祭儀ミサについて解説している。

(6)『聖記百言《せいきひやくげん》』　聖人の日常の行動の教え百カ条。

(7)*『唐景教碑附《とうけいきようひふ》』　唐の建中二年（七八一）に長安に建てられたネストリウス派キリスト教の流行の碑の文と解説。

(8)*『簡平儀説《かんへいぎせつ》』　熊三抜《ゆうさんばつ》（イタリアのイエズス会士、ウルシス）著、徐光啓《じょこうけい》序の天文学の書。簡平儀とは天体観測用の器機。その用法、天体・地球の測定法を説く。

(9)*『西学凡《せいがくはん》』　艾儒略の著。西洋の学問・教育制度を解説したもの。リテリカ・フィロソフィア・メディシナ・ロゴスなどの学科があげられている。

(10)『代疑編《だいぎへん》』　楊廷筠《ようていきん》著。キリスト教神学などの問題点を解説したもの。

(11)*『同文算指《どうぶんさんし》』　利瑪竇・李之藻共著。数学の解説書。勾股《こうこ》の法すなわちピタゴラスの定理までのべている。

(12)『十慰《じゆうい》』　高一志（後出の王豊粛《おうほうしゃく》の改名）著。人の種々の悲しみに対する慰めをのべたもの。

(13)*『表度説《ひようどせつ》』　熊三抜著。地球球体説に立つ天文暦学の書。

(14)*『霊言蠡勺《れいげんれいしやく》』　畢方済《ひつほうさい》（イタリアのイエズス会士、サンビアソ）の著。亜尼瑪《アニマ》すなわち霊魂についてのべている。

(15)*『渾蓋通憲図説《こんがいつうけんずせつ》』　西洋の天文測量器、簡平儀による測量法をのべる。

(16)『滌罪正規《じょうざいせいき》』艾儒略の著。罪を洗い清め神の恩寵をうける方式を説く。
(17)*『畸人十篇《きじんじゅっぺん》』利瑪竇の著。キリスト教義を解説。
(18)*『天問略』陽瑪諾（ポルトガルのイエズス会士、ディアス）の著。天文学解説。
(19)*『天主実義《てんしゅじつぎ》』利瑪竇の著。キリスト教義を解説し、儒教との一致を説く。
(20)『天主実義続編』右の書の続編。
(21)『計開《けいかい》』不明。
(22)*『泰西水法《たいせいすいほう》』熊三抜著。西洋の水利技術の書。
(23)*『二十五言』利瑪竇著。キリスト教義に立って道徳・学術を説く。
(24)*『測量法義』「幾何原本」中の勾股測量法の解説。
(25)*『七克』龐廸我《ほうてきが》（スペインのイエズス会士、パントハ）著。おごり・いかり・しっと・好色など人の七つの罪とその克服法を説く。
(26)*『辨学遺牘《べんがくいとく》』利瑪竇著。キリスト教の立場からの仏教排撃の書。
(27)『三山論学記』艾儒略著。キリスト教と儒教・仏教の優劣を論じ、キリスト教の考え方を明らかにする。
(28)*『圜容較義《かんようかくぎ》』利瑪竇・李之藻著。幾何学の書。
(29)*『勾股義《こうこぎ》』「幾何原本」中の勾股測量法をのべる。

(30) *『交友論』 利瑪竇が朋友の道について論じたもの。
(31) 『教要解略』 王豊粛（イタリアのイエズス会士、ヴァニョーニ）著。キリスト教解説書。
(32) 『況義《きょうぎ》』 金尼閣《きんにかく》（フランスのイエズス会士、トリゴー）著。内容不詳。
(33) 『滌平儀記《じょうへいぎき》』 不詳（海老沢有道氏は『南蛮学統の研究』で、『滌罪正記』と『簡平儀記』とを混合した仮空の書名としている）。
(34) 『奇器図説《ききずせつ》』 鄧玉函《とうぎょくかん》（スイスのイエズス会士、テレンツ）著。西洋器械の図入り説明書。
(35) 『福建通志《ふっけんつうし》』 乾隆帝《けんりゅうてい》の命によって編集された福建の郷土誌。中に天主の像がある。
(36) 『寰有詮《かんゆうせん》』 博汎際著。キリスト教宣揚の書。
(37) 『地緯』 世界地理の書。キリスト教のことがでてくる。
(38) 『闢邪集』 明の学者たちのキリスト教排斥論集。（以上三八部）

『禁書目録』は、一説にとして『表度説』『福建通志』『地緯』『闢邪集』の四品を除き、『門記図説』『帝京景物略』を加えて三六部ともいわれる。と注記している。

耶蘇書の検閲　キリシタン禁書のはじめは寛永七年（一六三〇）であった。この年、中国船が長崎に運んできた書物のうち、三二種の書物がキリスト教に関係ありとされて禁書に指定されたのである。

以後、中国船舶来書についての検閲、すなわち書物目利《めきき》がおこなわれるようになった。

この仕事を仰付けられたのが長崎の春徳寺の住職であった。寛永十六年以後、長崎の儒医向井元升《むかいげんしょう》も書物目利を命ぜられ、寛文年間には書物屋たちも、キリシタン書摘発の責任を負わせられている。

こうした長崎の禁書体制に一時期を画したのが貞享二年（一六八五）であった。書物目利役の向井元成《げんせい》（元升の子）が、舶載書の中に、キリシタン勧法書『寰有詮』が混っていたのを発見し、焼却処分がおこなわれた。向井元成は、このキリシタン書摘発の功により正式に書物改役《しょもつあらためやく》に任命され、長崎奉行に属して、向井家は代々この役を継ぐことになった。向井元成は、長崎の聖堂（孔子を祀る）の祭酒《さいしゅ》（管理者）でもあった。以後、書物改役を兼任し、数名の下役を率いて、厳重に船来図書の検閲に当たった。かれの任期中だけで、十数点の舶載書が禁書処分をうけている。すでに紹介した「国禁耶蘇書」のうち『福建通志』『地緯』『帝京景物略』なども元成が摘発したものだった。なかには西洋人の詩がのっているとか、西洋人の手紙文があるとかの理由でも禁書となった。

書物改役とその下役連中は、中国船の積んできた書物すべてに目を通し、一点一点について、その内容を解説した「大意書」という書類を作って幕府に呈出した。まことに厳しい検閲がおこなわれたのである。

八代将軍吉宗の時、漢訳西洋書の禁令が緩和された。吉宗の政策が、西洋の学術にも関心をもたざるを得ない殖産興業の面をもってきたことによるが、直接的には天文観測の精度を高め暦の正確を期そうとしたからである。『有徳院殿御実紀附録』（『徳川実紀』）に、本邦には、耶蘇宗を厳しく禁じ玉ふにより、天主または李瑪竇《りまとう》（イエズス会士）などの文字ある書は、ことごとく長崎にて焼捨るおきてなれば、暦学のたよりとする書甚だ乏し、本邦の暦学を精微にいたらしめんとの御旨ならば、まづこの厳禁をゆるべ玉ふべし。

と、建部賢弘の推挙で京より召された中根玄圭が建白し、これが入れられたとある。

享保五年（一七二〇）のことであった。「向後《こうご》は噂迄ニ而、勧法ニ不レ拘《かかわらざる》書《しょ》之分は、御用物は勿論、世間致二流布一不レ苦」（『御制禁御免書籍訳書』）ということになった。これによって、『職方外記』『測量法義』『測量法義異同』『簡平儀説』『天問略』『勾股義』『幾何原本』『交友論』『泰西水法』『渾蓋通憲図説』『圜容較義』『同文算指』『福建通志』などの諸書その他が許されることになった。しかし、それでも書物屋たちは処罰を恐れて、これらの書物を公然とは売買しようとしなかった。

明和八年『禁書目録』には、貞享二年の目録がそのまま記載されたのである。

明和八年『禁書目録』に記載された、第二種は、つぎの通りである。

第二種　売買禁止の書本（写本）

書本の禁書

1 先《せん》代《だい》旧《く》事《じ》本紀《ほんぎ》
2 本《ほん》朝《ちょう》通《つ》鑑《がん》
3 万天実録
4 文《ぶん》露《ろ》叢《そう》
5 柳《りゅう》営《えい》秘《ひ》鑑《かん》
6 同続
7 武徳大成記
8 家康公御年譜
9 玉露叢

10 寛明日記
11 甘露叢
12 東栄日録
13 中古日本治乱記
14 異考大通記
15 豊臣実録
16 扶桑見聞私記
17 御年譜附尾
18 同泰政録
19 難波戦記数品
20 難波軍記
21 豊臣記
22 新撰豊臣実録
23 嶋原記
24 秀頼事記
25 武徳安民記

---

26 国史実録
27 武家盛衰記
28 東照創業記考異
29 松平記
30 松平系図
31 御当家系図
32 三河記
33 同真字
34 天草一戦記
35 慶長記
36 関原記
37 同大全
38 慶元通鑑
39 関原雑話
40 岡崎物語
41 日光邯鄲枕《にっこうかんたんのまくら》

---

42 松平崇宗開運録
43 玉滴《ぎょくてき》隠顕《いんけん》
44 家忠日記
45 大坂記
46 三河後風土記
47 越後通夜物語
48 同騒動記
49 駿府政事記
50 由井根元記
51 由井実録
52 徳河記
53 慶長治乱記
54 東照宮御遺訓
55 的露叢
56 亀卜伝書
57 主図合結記

58 東照宮御縁記
59 武辺咄聞書《ぶへんばなしききがき》
60 赤城盟伝
61 西山紀聞
62 介石記
63 同追加
64 赤城紀談
65 義子文章
66 介浅記
67 新撰大石記
68 赤穂忠臣記
69 寺灯私記
70 蓬窓紀談《ほうそうきだん》
71 復讐物語
72 瑞光院記
73 義士行

---

74 寺坂之覚書
75 志士絶纓書《ししぜつえいがき》
76 忠義碑文
77 慶元冬夏軍記
78 忠士筆記
79 露滴抄《ろてきしょう》
80 鍾秀記《しょうしゅうき》
81 義人録
82 槿華集《きんかしゅう》
83 武家明鏡集
84 易水連袂録《えきすいれんべいろく》
85 山科之聞書
86 胆心精義録《たんしんせいぎろく》
87 岩淵物語
88 天寛日記
89 中興武家続盛衰記

---

90 武家拾要記
91 難波戦記大全
92 慶安太平記
93 武家厳制録
94 仙台萩
95 秋田杉直物語
96 武家隠見記
97 諸家大秘録
98 明和石曲伝
99 阿淡夢物語数品
100 浮田物語
101 見語大鵬撰《けんごたいほうせん》
102 松山実録
103 殺法転輪《さっぽうてんりん》
104 山鳥記《さんちょうき》
105 嶋原実録

106　政要実録
107　郡上騒動記
108　厳秘録
109　落穂集
110　越後騒動記
111　切支丹実記
112　西山遺事
113　姫路騒動
114　明和《めいわ》飛《ひ》日記《にっき》
115　山下幸内上書
116　井伊家伝記
117　板倉政要実記
118　厳秘此比噂《げんぴこのごろのうわさ》
119　三《さん》壺《こ》集《しゅう》
120　宇津宮金清水《うつのみやこがねのしみづ》
121　本朝色鑑
122　望遠雑録
（以上一二二点）

『禁書目録』は、これらの書名をあげた上で次のように注記している。

右に載せた書物のほか、聞書や雑録などの写本は数多くあるのだが、一つひとつ記していたのでは書ききれない。すべて朝廷や将軍家のことはいうに及ばず、公家方・武家方、あるいは近来の事を記した書物は、右の目録に載せていないとしても、取扱うことは厳禁である。そのほか世上の浮説を書いたものでも禁止事項にふれるようなよろしくない書物は、右に準じて扱ってはならない。このことについて人々はよく考え、わきまえるべきである。

すなわち、書本の禁書は、

(1)　朝廷・将軍家のこと、公家・武家のことを記したもの。
(2)　近来の事件を記したもの。
(3)　世上の浮説を書いたもの。

であり、幕府が具体的に書名をあげて禁書指定をしていなくとも、これらの書本は売買禁止だというわけである。(1)・(2)・(3)のどれにも該当する書本を自作して貸本屋に売り、自ら講釈に仕組んで獄門にされた馬場文耕の例（二一頁以下参照）がある。これらの書物を持っているというだけで処罰されることはなかったが、売買は禁じられ、まして出版などは思いもよらなかったのである。

絶版の書物

第三の禁書、つまり刊行本で絶版処分をうけた書物の目録は次の通りである。

第三種　絶版の書物

①　先代旧事本紀植字板
②　同板本
③　礼《れい》綱《こう》本《ほん》紀《ぎ》
④　聖徳太子五憲法
⑤　同　頭　書
⑥　聖皇本紀
⑦　天王寺法事記
⑧　案《あん》内《ない》者《しや》
⑨　日《ひ》次《なみ》紀《き》事《じ》
⑩　石田軍記
⑪　東国太平記
⑫　日本人物史
⑬　九　州　記
⑭　神宮秘伝問答
⑮　弁天秘訣
⑯　五帖目御《ヲ》文《フミ》章
⑰　同半紙平かな
⑱　百人女郎品定《ひやくにんじよろうしなさだめ》
⑲　桜曾我女時宗《さくらそがおんなときむね》
⑳　色　伝　授
㉑　野呂口三味線
㉒　天満宮伝記
㉓　辺《ヘ》鄙《ビ》以《イ》知《チ》吾《ゴ》
㉔　耳香きそひ日記
㉕　太平義臣伝
㉖　忠義太平記大全
㉗　忠臣略太平記
㉘　高名太平記
㉙　太平義臣記
㉚　六祖檀経舐糖

㉛ 好色本享保八年停止
㉜ 新撰碁経
㉝ 茶経字実方鑑
㉞ 将棊勇士鑑
㉟ 同 手段草
㊱ 十種香暗部山
㊲ 死出田分言《しでのたわけごと》
㊳ 至公訓
㊴ 温知政要
㊵ 三部経桃渓師改点
㊶ 倭文選鹥草《やまともんぜんえくぼぐさ》
㊷ 建武年中行事略解
㊸ 忠臣金短冊
㊹ 金銀割合重宝記
㊺ 徂徠先生可成談半紙本三冊片カナ書
㊻ 夜国絵
㊼ 精忠伝
㊽ 大掌(嘗)会便蒙
㊾ 斥非扁(篇)半紙本ノ方
㊿ 本迹雪謗
51 艸書十体千字文

（以上五一点）

以上の絶版書について、内容・絶版の年次と理由をも考察しなければならないが、⑱『百人女郎品定』以下は、享保以後に絶版処分をうけたものである。これまで、とくに江戸において厳しかった出版統制が関西においても厳しくなったのである。その間の事情は本文においてのべよう。

もちろん、この『禁書目録』は、禁書のすべてを網羅しているわけではない。第二種の書本の禁書は、すべて幕府から禁書に指定されたものではなく、享保七年の出版条目にあわせて、書物屋仲間の方で自発的に禁書として商売に使うことをやめることにしたものがほとんどである。したがって、本文にのべる「無根の浮説」の例（七九頁参照）や『百人男』（八一頁）など、死刑者を出した禁書が記載されていないということも生じている。また、『うつつの寝言』（一二九頁）や『東叡山通夜物語』（一三三頁）も禁書にはいるべきものである。また、次章に紹介する馬場文耕著作の書本は95『秋田杉直物語』、108『厳秘録』、118『厳秘此比噂』などが挙げられているが、ほかにも禁書とされたものが多いのである。

刊行本の絶版処分事件も、第三種にあげられている以外に、多く起きている。とくに京坂においての事件でもれているものがある。また板行願を写本（稿本）で仲間行事改にだしたが、好ましからぬ書物ということで出版許可をうけられなかった書物も禁書に含められよう。板木一部を削り落したり改めたりして、ようやく刊行売買を認められた書物もある。これも出版禁圧事件である。

これら多くの例についての完全な年表・目録はまだできていない。すべての禁書、筆禍事件について一点ごと、一件ごとの考証・考察は、これから深めていかねばならない状態なのである。

本書のねらい

以上、江戸時代は、その前半期だけでも禁書に指定された書物、出版条目に抵触する書物がいかに多かったかがお分りいただけるであろう。これらを一点一点について、内容、絶版・売買禁止理由その他について考察していくのは、大変な作業なのである。ものがものだけに書名が分っても、その現物を探して読むのが大変なのである。とくに好色本の類の研究は大変である。この分野の研究の第一人者は林美一氏で、氏の精力的な研究成果を参照願いたいと思う。

私の調査は、まだまだ不完全な部分が多すぎるのである。

さらに、書物についての研究は、書物そのものの書誌的研究も基礎的なことで大切なのだが、その時代の文化現象の一環に位置づけようとした場合、作者・出版者、さらに社会的受容のありさまを明らかにしなければ、たんなる目録、関連資料の羅列にとどまってしまう。もちろん目録・資料の整備も大きな意味をもつ。これが進められていなければ、社会史的な考察も不可能である。しかし本書においては、完全目録を作るよりも禁書とその作者をめぐるドラマを少しでも明らかにしてみたかった。作者の作品創造の活動と、言論抑圧の貫徹をねらう幕府権力とのせめぎ合いの状況を、できるかぎり描き出してみたかったのである。

したがって、禁書とされた書物、一点ごとの考察よりも、馬場文耕・英一蝶《はなぶさいっちょう》・近松門左衛門らの創造的営為と権力側の対応、幕府の出版・言論統制策——ひいては社会的コミュニケーション統制策の特質、偽書《ぎしょ》とその作者たちなどの問題に的をしぼって書いたのである。

文耕獄門

榑正町の夜講釈

小間物屋文蔵宅

宝暦八年（一七五八）九月十六日、大江戸の夕暮、深まりゆく秋、もう肌寒い。日本橋から西を望めば、千代田城の櫓《やぐら》の上に、遠く浮かぶ富士のシルエットが美しい。日本橋を南に渡って、通《とうり》一丁目から三丁目へと歩む。店々には灯がともり、行きかう人も急ぎ足である。四丁目の木戸を左におれ、箔屋町《はくやちょう》をへて榑正町《くれまさちょう》へ、この町を通りぬけるとすぐそこは本材木町の堀ばた。話の舞台は、この榑正町である。

いまなら高島屋デパートの前をすぎて、路次を東へはいり、昭和通りへさしかかるあたりであろう。しかし昔の面影はさらにない。

榑正町の表通り南側の中ほどに、小間物屋文蔵宅があった。この家は平屋で、中は意外に広く、時

江戸橋から眺めた日本橋
江戸橋から眺められる日本橋とその界隈。さらに富士の遠景が見える。
（安藤広重『江戸名所』のうち「日本橋・江戸橋」）

には夜講釈《よごうしやく》にも貸していた。

この日、文蔵宅入口の左側に、次頁に図示したような看板がかかっていた。すでにこの講釈は、この年、宝暦八年の九月十日から続きものでおこなわれていた。十六日は七日目、最終回の口演であった。

百姓一揆の口演

文蔵宅の中は、仕切の戸・障子もとり払って、二〇〇人ほどの人でぎっしり。もう廊下・台所まで坐りこむ人もいるありさま。出し物は「森《もり》の雫《しずく》」、美濃郡上藩《ぐじょうはん》の百姓一揆の物語だ。奥の方から聞こえる弁舌にじっと耳をかたむけている。百姓一揆の講釈は、もとより禁じられた題材。南町奉行の町廻《ちょうまわ》り同心が、そっとはいってきたが聴衆も演舌者も気がつかない。

箔屋町の家主《やぬし》平八が文蔵宅の前を通りかかって、いつもよりの大勢の入りに、オッとなった。そうだ、馬場文耕の続き講談が今日で終りということだ。早く用をすませて聞きにいこうと思いながら自宅の前にくると、すぐそばの自身番屋に町廻り同心の姿がみえる。はっとした平八は急いで文蔵宅にもどり、家主の安右衛門と文耕の弟子文長《ぶんちょう》を呼んで、同心が来ているぞ気をつけた方がいいとささやく。

しかし文耕の話は、いよいよ大詰、すっかりのっている。気性の強い文耕のこと、とめたってやめはしない。

そっと客席をうかがってみると、隅の柱のかげに、顔はふせているが、たしかに見覚えのある同心がじっと聴いている。

文長は、逃げようと思えば、それもできた。しかし師匠を捨てては行けない。師匠の文耕が、七日間にわたって口演してきた、この講談のタネを、ともに取材した身だ。政界の裏面、百姓たちの苦闘を調べながら感じた、いいようのない憤りがよみがえる。

熱心に聴いている人々を思うと、同心が来ているぞ、やめろ、とすぐにはいえなかった。もう一蓮托生、師匠とともに、南町奉行所のお白洲《しらす》にすわらされている自分の姿が脳裏をかすめた。同時に、あまり長くはなかったが、師匠とともに暮したこれまでを思った。しかし同心はこわい。文長は、身ぶりで師匠に知らせようとした。

文蔵宅看板
（関根只誠『只誠埃録』より。関根俊雄氏所蔵）

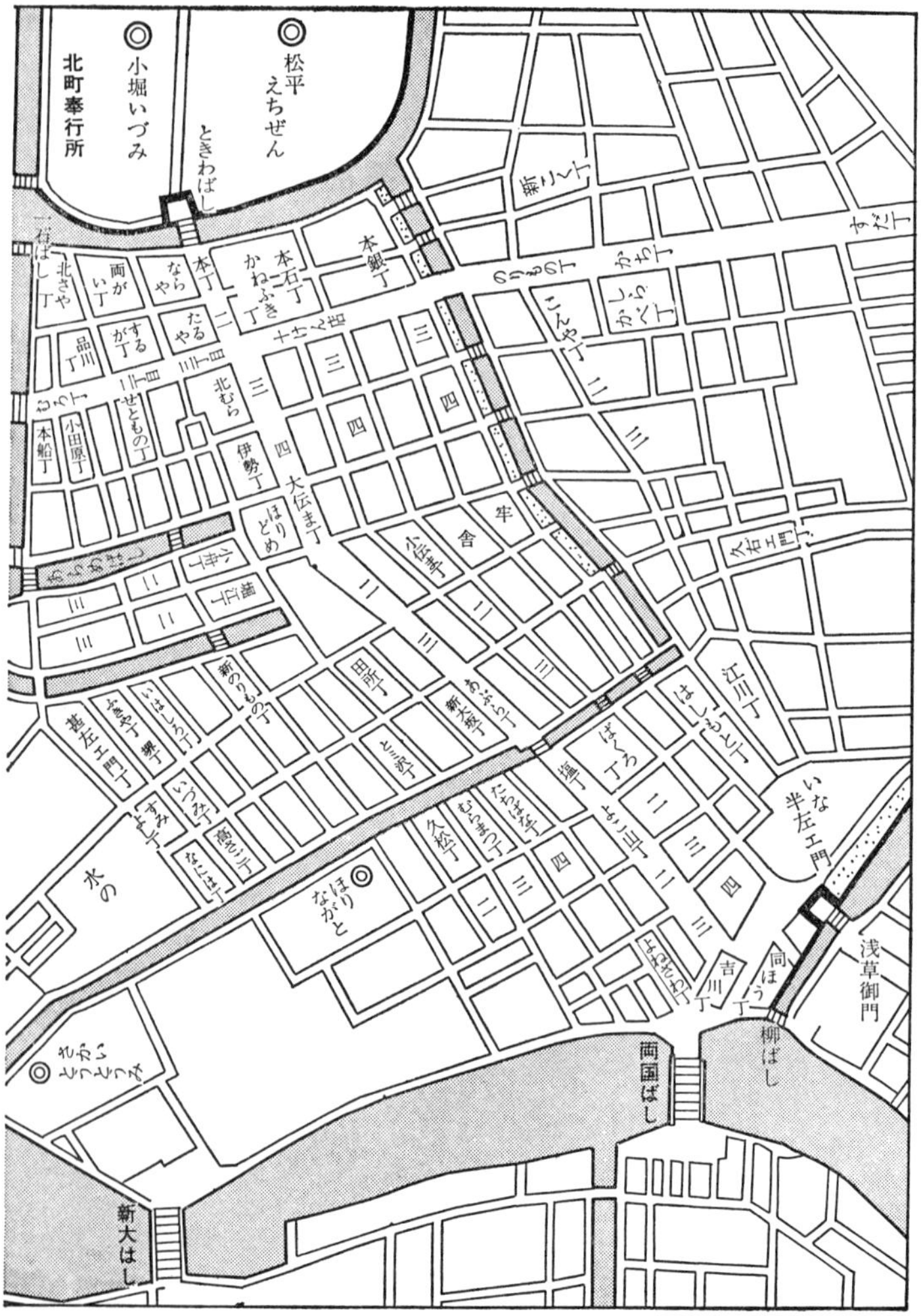

の日本橋界隈図

もとに作製したものである。◎は大名上屋敷，○は大名中屋敷。

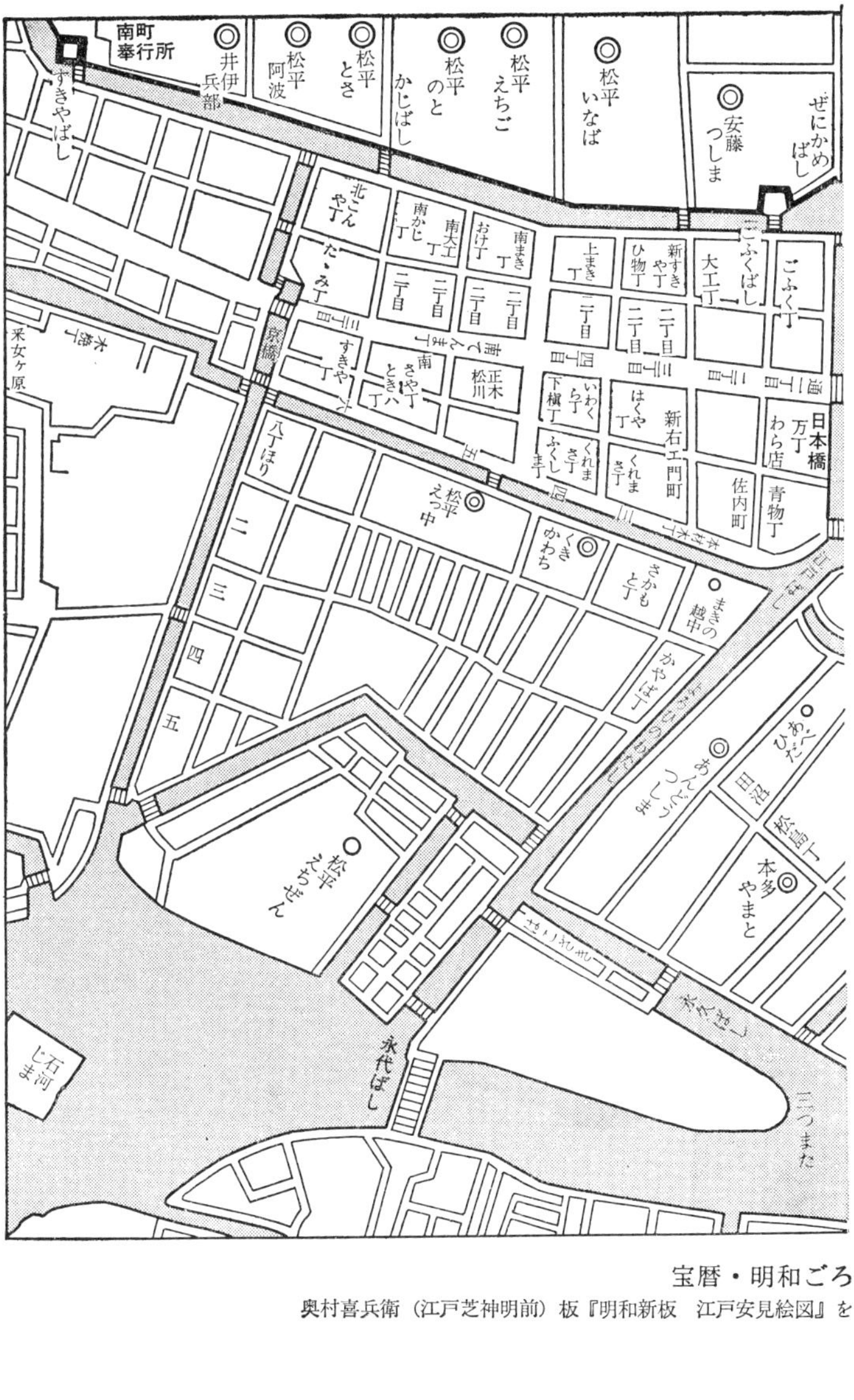

宝暦・明和ごろ

奥村喜兵衛（江戸芝神明前）板『明和新板　江戸安見絵図』を

文長が文耕先生と会ったのは、この近く下槇町の貸本屋栄蔵の所だった。以下、しばらく文長の回想を聞こう。

酒色にふける将軍

かねて栄蔵から文耕先生のことは聞いていた。すごい早筆の人で、持ちこんでくる書本は、『近代公実厳秘録《こうじつげんぴろく》』をはじめ、『近世公実厳秘録』『当時珍説要秘録』などで、お武家にも町人にも、ひっぱりだこだという。もっとも一見《いちげん》の客や、口の軽い奴には貸せない代物《しろもの》だけどね、ともいう。

俺（文長）は、それらを貸りて読んでみた。もう一気に読んだ。『近代公実厳秘録』と『近世公実厳秘録』は、似た書名で、二つともに八代将軍吉宗公の逸話集だけど、内容は少しちがう。すでに聞いたことのある話も載っている。単なる噂だけでなく、その筋の記録も手にいれて書いているらしい。三つ目の『当時珍説要秘録』を読んで、その書き出しから驚いた。

今、天下の主将たる徳川家重公は、東照宮家康公より九代目。前将軍吉宗公の御長男で、紀州にて御誕生、幼名を長福君と申された。吉宗公御他界の後は天下の政治を一手に握られることになったが、御病身であらせられ、しかも酒と色、この二つにすっかり溺れられている。大奥へはいられると終日夜もすがら御女中を相手に酒と色である。吉宗公も心配して元文のころは鷹狩を勧め、小菅《こすげ》の宿泊所に五日あるいは七日と健康な日々をすごしたこともあったが、いつしかそのことも絶えて、いまはただひたすら淫酒の生活でいっそう御身体をそこねられている。夜は酒色に夜をふかし、あしたのお目覚めははなはだ遅く、自然と御身体がつかれさせ給い、御物腰は危なげで、ろれつもまわらないという有様である。ご自分で命令を下したことは一度もなく、上意はお気に入りの大岡出雲守忠光様から達せられる。そうであるから、御側役を兼ねている若年寄格の大岡出雲守を「御言葉代《おことばだい》」というのである。

家重公御病身の故、上野の寛永寺や芝の増上寺に御成りになることもすくない。定式《じょうしき》の御仏参ものびのびになりがちである。たとえ御成りになっても御小便をもよおされることがしげしげしく、御駕籠の中でも我慢ができなくなってしまう。宝暦五年の正月、上野へ御成りになり、還御《かんぎょ》の節、御駕籠が黒門から出たところで御小便をもよおされて寛永寺本坊へ引返えされた。将軍の御駕籠を途中から返すということ、かつてないことである。この後、御城から寛永寺までの道筋三カ所に将軍専用の便所をしつらえた。このような御虚性であるから、正月元日御謡初《うたいはじめ》の節、御盃事《おさかずきごと》を御三家方と遊ばされ、ついで例年のとおり、諸侯よりの献上の御盃台の披露となり、その間、観世太夫が四海波を謡《うた》ったのであるが、将軍が途中で御小便に立たれたので、観世太夫は四海波を謡いなおさざるを得なくなった。このようなことは、これまで例がない。

文長は、将軍の酒色ゆえのご虚性、それゆえの政治の放棄をあからさまに書く人物に、たちまちひきつけられたのであった。ほかにも「家重公御身持宜しからず女中に淫し給ふ」と遠慮なく書いている。さらにいたるところにでてくるのが、いまの権力者大岡出雲守と老中堀田相模守正亮に対する批判である。とくに堀田については「近年の政道不仁多く、上を欺き下をしひたぐる事甚《はなはだ》法に過たり」

などと書いていた。ほんとうにこんなことを書いて大丈夫かなと思うほどの書きようだ。

大御所吉宗公が亡くなったとき、大御所所属の御徒士《おかじ》三組九〇人を扶持放《ふちはな》ちにした堀田の非情ぶりを、師匠が嘆いて書いていたっけ。あれも『当時珍説要秘録』だった。

かぼちゃの獄門首

大御所様吉宗公が隠居所である西丸《にしのまる》へ引き移られたとき、御供に召連れた御徒士三組九〇人。吉宗公が他界された後、堀田相模守の発案で、一人について一年の給米七〇俵、毎月五人扶持あてを九〇人余に出すのは大変な米である、大御所が他界された今となっては御用はない、これからかれら徒士を無役でかかえておくのは余計な出費である、暇《ひま》を遣《つか》わしてしまった方が公儀の御為であると思いついた。これはいかにも不仁の思いつきというべきである。暇を賜わることになった人々の恨み悲しみいかばかりであろうか。これらの御徒士のうち三〇年勤続の者は金子七〇両、二〇年の者は金五〇両、一〇年の者は金三〇両ずつ妻子養育金として下されただけで、拝領屋敷は取上げられ「天下浪人すごくやみくと民家に落て、埴生《はにふ》の小屋を借り求て雨露を凌ぎけるこそ誠に哀れ成りけれ」。しかし、この御徒士たち、いかにも無念と九〇人、そろいの麻上下を着て、東叡山《とうえいざん》の宮様にすがって帰参の取次ぎを泣いて頼んだ。上野の宮様も哀れと思われ、吉宗公一周忌の法事、三年忌の法事のたびごとに幕閣へ御徒士の帰参方を願い出てやったが許しはない。中でも中島新兵衛という御徒士は、風の日も雨の日も上野へ三年の間毎日まかり出て、御本坊の玄関にはいつくばって嘆きお願いをしたという。上野でも気毒に思って、毎日来るにはおよばない、こちらでも、その筋へお願いをしているのだからとなぐさめても実は詮ないこと。御徒士たちの願いはもうかなうわけはなかったのだ。こうした悲惨な事件はすべて堀田相模守の不仁の心底からでたことである。先代吉宗公の時代には、このような例はまったくなく、幕府の御家人が罪もないのに、かかる災いに逢うこと、いったいいつの時代の掟なのかと嘆かない者はいない。いったい老中堀田は、この上もない執柄《しっぺい》の人（権力を握っている人）である。奏者番《そうじゃばん》から大坂城代をつとめ、その功績で今は老中でも勝手方（財政担当）を握っている。才智は万人に勝《すぐ》れ誰もかなう者はない。寺社奉行兼奏者の節は、理路整然とした弁舌に、さしもの大岡越前守もかなわなかったという。しかし近年は堀田をそしる人が大勢いる。ある朝のこと、堀田の門前に獄門台がしつらえられ、かぼちゃで作った首が置いてあり、それに書付がはってあった。「堀田相模守事近年の政道不仁多く、上を欺き下をしひたぐる事甚法に過たり、因兹《よってここに》獄門に行ふ者なり」と。

夜中にやったこととて何者の仕業《しわざ》かわからぬが、世間では、かの召放たれた御徒士かと思っている。夜明けに西丸大手御番《ごばん》（いまの皇居二重橋の所を守る）松平隠岐守の配下の下座見《げざみ》（門の所にいて、将軍や大名の通りのおり、人々に下座をするよう声をかける役目の者）の萩原五兵衛という者が、すぐそばの堀田上屋敷の門前で見つけて、番頭《ばんがしら》へ連絡したのだ。番頭は、よくよくみると堀田へのあてつけのもの。堀田へそれとなく知らせよとて、「御門前に落書らしきものがござる」と連絡させた。堀田の家来は、あわててこれをしまいこんだが、このことが堀田の耳にもはいったとみえて、その日城中で大声で「今朝未明に拙者門前へいたずら者の仕業らしいが、かぼちゃを獄門に拵《かま》へ、其《その》側《そば》に堀田相模守は悪人ゆえかくのごとく行なうと落書してあった。さてさておかしきことをする者もあるものかな。その書付の手跡なかなか達筆でござった」と、高笑いしながら自分から話したそうだ。満座の同役・諸役の人々は、にが笑いしていたそうだ。手前より、このようなことを大声でかくさず話すところなど、並々ならぬ器量の持主、かえって天晴丈夫の者と思えてくるほどだ。

心中の覚悟

こんな不敵なことを書く馬場文耕にぞっこんまいったかたちになった俺だった。こちとらも江戸ッ子、口には仁政といいながらちっともそのけのない幕府のやり方にいろいろ文句はあるし、文耕先生のお武家方の内情についてのくわしい話も聞きたい。入門を申しこんだところ、お奉行所から叱られることもあると思うが、それがこわくなければかまわねえぜ、と入門を許してもらった。文長という名もその時つけてもらったものだ。それから、師匠に協力して、さまざまな世上の噂を集めた。

貸本屋たちからの催促もあって、師匠はまるで憑かれたように書きまくっていた。一昨年（宝暦六年）の夏に『当世武野俗談』、そして『宝丙密秘登津《ほうへいみつがひとつ》』。去年は『森岡貢物語』『近世江都著聞集』、今年になって『皿屋舗弁疑録』『当世諸家百人一首』『当代江戸百化物《ひやくばけもの》』『頃日全書《けいじつぜんしょ》』『大和怪談頃日全書』

『明君享保録』『秋田杉直物語』『愚痴拾遺物語』、こんな根気のつづく人を俺は見たことがない。

こんな忙しい中で、師匠は美濃郡上の百姓衆や越前石徹白《いとしろ》の社人衆に逢っちゃったんだ。あの人たちが一途で純な気持ちで、国元の苦しみを一身に背負って、命をかけて金森の殿様相手にたたかっている様子を聞いた師匠は、もう矢もたてもたまらねえや。ついに今度の講談「森《もり》の雫《しずく》」になってしまった。いまおきている百姓一揆を講談に仕立てて語るなんてもう危くって仕方がないとは思うけど、言いだしたらきかない師匠のことだ。それにしても、このお客たちの熱心さはどうだ、こんなに熱心に師匠の話しを聞いていなさる。なかには郡上ゆかりの人も交っているようだ。国元で一揆を経験した人もいるのだろうな。あるいは重い年貢をはらえずに、夜にげをして江戸にでてきた人も聞いているのだ。同心の来ていることを合図しても、師匠は気づかぬふり。こりゃもう、師匠と心中をしてもいいや。

文耕の話はおわりに近い。同心が一人すっとたった。

金森騒動記『森の雫』

財政難の金森家と重税のおしつけ

馬場文耕が、宝暦八年（一七五八）九月十日から十六日まで、七日間にわたる連続口演の中に仕込んで語った美濃の金森騒動（郡上騒動ともいう）とは、どんな事件であったのか、その概要をのべよう。

郡上藩主は、金森頼錦《よりかね》という譜代の大名だった。頼錦の祖父頼旹《よりとき》は、飛驒高山の城主で将軍綱吉の御側役であったが、綱吉にきらわれ御側役はおとりあげ、出羽上《かみ》の山（山形県）に移された。さらに郡上へと移された。元文元年（一七三六）、頼旹が没すると、嫡孫の頼錦が郡上二万四〇〇〇石と、越前大野郡の内一万五〇〇〇石、合計三万九〇〇〇石の家督を相続した。

頼錦は、詩文・書画を愛する文人趣味の大名で、幕閣からのうけもよく、奏者番《そうじゃばん》に任ぜられた。奏者番というのは、大名・旗本らが将軍に謁見する際、その姓名を申上げ、進物の目録を披露し、将軍からの下賜物の伝達をつかさどった。この役は幕府重役への登龍門とされ、やがては寺社奉行か若年寄という地位であった。

しかし先代頼旹の二度の転封《てんぽう》で、藩財政は大きな打撃をうけていた。加えて出世の糸口をつかんだだけに、頼錦の交際は派手になり、何かと出費がかさんでいた。しかも藩の重臣たちは凡庸な者がそろっている。宝暦のころには極度の財政難にみまわれていた。これまでの定免法《じょうめんほう》による徴税を改めて有毛検見取法《ありげけみとりほう》を採用し、重税を課すことで、財政難を切りぬけようとしたのである。これまででも、年貢に加えて種々の雑税をとられて、苦しんでいた農民たちは、当然のこと大反対、強訴に結集した。

当時、幕府においても財政難打開のため、八代吉宗以来、増税政策がとられていた。できれば六公四民、すくなくとも五公五民の徴税に近づけたかった。その方法として、定免法、さらに有毛検見取法なる徴税法が、幕領各地において実施されたのだった。

免《めん》とは税率のことである。定免とは豊作だろうと凶作であろうと、一定の税率を村高に掛けて年貢額をきめ、徴税するのである。しかし定免となると、農民は苦しいながらも、少しずつでも耕地を切り開き、生産に工夫をくわえて増収をはかり、実質税率を引下げる努力をする。有毛検見取法は、こうした農民の努力による生産増大分まで、根こそぎもっていこうとする税率算定法だった。村内いたるところで坪刈《つぼかり》と称して、その年の稲の実り具合を検査し、その結果にもとづいて年貢額を決定するのである。これまで村高の中にはいっていなかった新開地まで徴税の対象になってしまうのである。農民にとっては恐るべき徴税策であった。

強訴おこる

郡上藩は、この幕府の徴税法を自藩に導入しようとした。それまでの郡上藩の年貢は三公七民ほどであった。これを五公民五の線までもっていこうというわけであった。藩の重臣らは、まず頼錦と親しい寺社奉行本多忠央《ただなか》を介して、勘定奉行大橋親義《おおはしちかよし》に検見取法実施の相談をした。大橋親義は、これをうけて、徴税方法にくわしい黒崎左一右衛門なる人物を、金森家に紹介した。黒崎は百姓の出でありながら、「算勘《さんかん》の名人」といわれ、方々の藩の徴税コンサルタントをやっているような人物だった。金森家は、この黒崎を二〇〇石で召抱え、税制改革にあたらせようとした。

宝暦四年（一七五四）、いよいよ郡上藩は、これまでの定免制を廃止して有毛検見取法に切りかえる旨を農民に布達した。農民たちは強訴に結集した。藩はやむをえず、この年は税制改革をひっこめざるを得なかった。

翌宝暦五年、藩は勘定奉行大橋を動かし、老中本多正珍《まさよし》も了解しているとして、美濃郡代青木次郎九郎にたのんで、有毛検見取法は、公儀(幕府)も実施している正当な税法である、この方針に従わないのは、公儀に楯突《たてつ》くことになると百姓説得に当たらせた。農民の中でも村々の庄屋たちは、これを受けいれざるを得なかったが、一般農民は承知しなかった。代表者を江戸へ送り、藩主に直接訴え、さらに老中酒井忠寄《ただより》の駕籠《かご》にすがって訴状を受取らせた。いわゆる駕籠訴《かごそ》である。酒井は、この訴状を江戸町奉行依田《よだ》正次《まさつぐ》に回して吟味させた。この吟味は、はじめ農民側に分があるように運んだが、具体的なお沙汰はなかなかでなかった。

こうしている間にも、藩側は農民団結の切りくずしと弾圧をくり返し、改税策の実施を強行しようとしていた。

問題は宝暦八年にはいっても解決されない。町奉行からの沙汰もでない。ひそかに江戸に登った農民代表らは、四月、評定所前の目安箱《めやすばこ》に、藩の不当を訴える訴状を投じた。いわゆる箱訴《はこそ》である。

石徹白騒動　金森家は、もう一つの騒動をかかえていた。それは石徹白《いとしろ》という村でおきていた。郡上から長良川を北へ二〇数キロさかのぼり、さらに西へ峠を越えたところが、越前の大野郡石徹白。ちょうど越前と美濃の国境。九頭竜川の最上流。現在は岐阜県郡上白鳥町に含まれている。神宿《かみやど》れる山、白山《はくさん》の南の麓にあたる。この村に奈良時代以来の格式の高い白山中居《ちゅうきょ》神社がある。江戸時代の石徹白は、この中居神社の神領で一五〇戸ほどの村人が社人として神社の維持に当たっていた。幕府か大名に年貢を納めるということはない。普通とはまったく異なる村だが、幕藩体制の行政上、金森家に預けられていたのである。

村の社人には三階級あって上級の者は、オトナといわれ一二家あった。かれらが神社の運営、村政について合議していた。

神社には村の庄屋をも兼ねる神主がいた。はじめ世襲ではなかったが、江戸時代には上村氏が世襲していた。また神頭《こうとう》という神職もあって、これは杉本氏が世襲していた。上村氏も杉本氏も神社の運営に大きな権限をもっていたが、オトナたちの合議を無視することはできなかった。こうした合議制に不満をもったのが神主上村豊前《ぶぜん》であった。かれが石徹白および中居神社運営の支配権独占をねらって策動したところから石徹白騒動が起こった。

上村豊前は、これまで、中居神社が京都の神道家、白川・吉田両家との結びつきの弱い点に目をつけた。白川家に対する吉田家の立場が強くなっていたのに便乗して、吉田家の支配にはいる免許状をもらいうけ、自らの支配権確立をねらった。

神頭職の杉本左近と社人たちは、上村豊前の独断専行をにくみ、われらは古来、白川神祇伯の門に属するものであるとして上村豊前に対抗した。豊前は、金森家の寺社役根尾甚左衛門に賄賂を送って自分の立場を認めさせ、吉田家の権威、郡上藩の権力を利用して杉本左近派をおさえこもうとした。杉本派は、郡上藩に上村豊前の非法を訴えるが、藩はうけつけない。ついに宝暦四年八月、杉本らは江戸に潜行して寺社奉行本多長門守へ訴えでた。しかし本多は、金森とは仲が良く、金森家の税制改革に力を借している人物、杉本らの訴えをとりあげるわけがない。かえって杉本派弾圧にのり出した。

宝暦五年の冬、郡上藩は、杉本派社人九六軒五〇〇余人を、飛驒白川へ追放した。白川村とて、かれらをうけ入れる力はない。石徹白の社人たちは、厳冬の山中をさまよい、諸国に散って乞食の生活をする以外にない。流浪の中で窮死した者七〇余人という。

かれらは幕府へ直訴し、金森家と上村豊前の暴挙を告発する覚悟をきめた。宝暦六年八月、老中松平武元へ駕籠《かご》訴《そ》、宝暦七年七月、寺社奉行へ出訴、八年六月、評定所目安箱への箱訴、ついに宝暦八年八月評定所の審理にあげられることになった。

金森家、雫のごとく落ちる

同年七月、評定所は金森騒動の審理にのり出していた。そして八月には、石徹白騒動も合わせてとりあげられたのである。郡上農民、石徹白社人らのねばり強いたたかいが、ついに幕府を動かした。評定所の審理において、金森家の農民支配の不当な強圧ぶりが暴露され、同時に老中本多正珍、寺社奉行本多忠央、勘定奉行大橋親義らの公的権力の私的乱用ぶりが追求された。また美濃郡代青木次郎九郎が、公儀方針を私的にかかげて郡上農民に対処したことも不埒《ふらち》の至りとされた。大橋の紹介で郡上藩に召抱えられ税制改革の実務にたずさわった黒崎左一右衛門は、きびしい取調べにあって獄死した。

藩の責任者たちもきびしく処罰された。死罪二、遠島二、押込一、追放六名であった。死罪に処された二名は、石徹白騒動で上村豊前に味方し、賄賂を取った寺社役とその下役であった。

しかし、郡上農民に対する処分も過酷なものであった。一揆徒党の責任を問われたのである。獄門四、死罪一〇、重追放六、所払い三三名の大量犠牲者を出した。

石徹白騒動の張本とされた上村豊前は死罪に処せられた。もっとも、中居神社の支配関係は、以後吉田家の下に従うことにされた。杉本左近ら、反豊前派の人々の処分は軽くてすんだ。

評定所の審理は七月にはじまって十二月二十五日までかかった。金森家を私的に助けた幕府重役・役人たちのうち、本多正珍は老中罷免、ついで逼塞《ひっそく》、本多忠央は御役御免差控え、さらに改易となった。大橋親義も改易となった。青木次郎九郎は御役召放《めしはな》ち、小普請《こぶしん》入り、閉門。大目付曲淵英元《まがりぶちひでもと》も同様の処分をうけた。

この大騒動の根源、金森頼錦は領地召上げの上、南部藩へ永《なが》の御預《おあず》けとなり子供たちもそれぞれ改易となった。

『森の雫』を求めて

文耕は、この金森騒動・石徹白騒動が、評定所の審理にかかっているその最中の、九月に講談に仕組んだのであった。伝えられている口演題目は「珍説森の雫」であった。それはこの騒動をどのように語っていたのであろうか。あるいは、書物として書き残されているのであろうか。

それについて、京都大学に『もりの雫金森騒動記』なる一本が蔵されている。これには、文耕の署名はいっていないが、文耕の書いたものであろうか。

その内容は、美濃郡上の城主、三万九〇〇〇石の金森兵部少輔《ひょうぶしょうゆう》源頼錦、土岐氏の流れをくむ名家でありながら、貪欲《どんよく》にかられて下民を苦しめ、名家一時に滅亡、それのみか金森に与《くみ》した歴々も、滅んだること、まことに身を慎しむべきことではあるとの書き出しである。そして石徹白の白山中居神社をめぐる上村豊前と杉本左近の対立から、ついに評定所の議に付せられる顚末《てんまつ》をのべる。さらに金森が黒崎左一右衛門という「算勘《さんかん》の名人」を召抱えて、理不尽の新規の税法を百姓におしつけ、百姓が得心せず騒動におよべば、美濃郡代青木次郎九郎へたのんでこれをおさえようとする。青木が出しぶっていると勘定奉行大橋近江守が大目付曲淵《まがりぶち》豊後守と相談の上、勘定奉行一判の下知状を青木に下し、公儀御用同前と心得て、事に当たれとのいいつけ。しかも老中本多伯耆守、寺社奉行本多長門守の裁許もへているということにしての百姓への仰渡し。それでも郡上の百姓は承知しない。石徹白の杉本らも納得しない。ついにそれぞれ駕籠訴・箱訴の徒党。公儀でも捨ててはおけず、評定所の吟味を仰付けられた。というように事の起こりから評定所吟味にあげられるまでをのべている。

ついで石徹白杉本派社人の訴状、郡上百姓衆の訴状が写されており、最後に判決結果が記されている。

この『もりの雫』は、文耕逮捕後の判決文まではいっているから、文耕作ではない。同じ内容の『森の雫』が宮内庁書陵部にも蔵せられている。しかし、いくらさがしても文耕作の確証ある『森の雫』はみつからない。

文耕刑死の年（宝暦八年）九歳だった大田南畝は、後年文耕の金森騒動記を『平がなもりの雫』という題名の書物とし、それを捜したことを随筆『金曾木《かなそぎ》』の中でのべている。南畝はこの書物について、

宝暦八年戊寅、金森騒動の一件いまだ済ざる内に、私に裁許して書物に作りしなりといふ。世上に一本も見へず。森の雫といふ写本有り。石徹白神主の訴訟、金森一件の裁許を書しものなり。是は馬文耕が作にはあらざるべし。間宮《まみや》氏よりかりて写さんとせしを、はからず神田明神下の書肆《しよし》にて求め得たりき。

と記している。この文中の間宮氏とは、幕臣間宮士信《ことのぶ》、号白水《はくすい》、『新編武蔵国風土記』の編纂総裁をつとめ、大田南畝・鈴木白藤《はくとう》らと交遊のあった人のことであろう。南畝とその仲間たちも、文耕の『森の雫』を捜し求めて、見つけだすことはできなかったのである。こうしてみると、文耕は講釈の題目に「珍説森の雫」とかかげたが、ちゃんとした書物には仕立てていなかったのであろうか。

しかし、ともかくも文耕は、金森騒動を口演して処刑されたのである。その内容は不明であるにせよ、おおよそのことは察しがつこうというものである。

一揆を応援する町民

文耕は郡上の人々、また石徹白の人々に会ったと思われる。かれらから直接、金森家の理不尽な支配を聞き、百姓・社人たちの窮状と言い分を聞いて、本気で調べをすすめ、ついに講釈に仕組んだものであろう。

文耕とかれに連座して処罰された人々については、後に紹介するが、この人々以外にも郡上の百姓衆を応援した江戸町民が処罰されている。それは橋本町二丁目の町医師島村良仙である。かれは郡上の立百姓《たちびやくしよう》(一揆に参加した百姓)の一人、甚左衛門が無届けで江戸に出て活動に加わったが、帰れば処罰されよう、どうかして処罰をまぬがれる方法はないかと、良仙に相談した。橋本町は郡上の百姓衆が泊っていた馬喰町《ばくろちよう》の隣町である。江戸滞在中、病気の良仙に見てもらう百姓衆も多かったにちがいない。良仙は甚左衛門に、評定所へたびたび呼び出され吟味をうけていたことにすればよいと知恵をさずけた。結局、それはうそだとされ、甚左衛門と良仙はともに重追放に処されている。

文耕の住所松島町も馬喰町からは近い所である。その近辺の人々も文耕とともに処罰された。かれらは貸本渡世の者であったりした。こうした江戸下町の人々の間では、金森騒動は、有名なものとなっており、評定所の吟味の結果はどうなるのか、誰しも関心をもち百姓衆を応援していたのであろう。

八代将軍吉宗の重税政策実施以来、百姓一揆が相ついで起こっていた。享保十四年(一七二九)の奥州伊達郡《だてぐん》・信夫郡《しのぶぐん》(福島県)五四カ村の幕領農民の強訴事件、元文三年(一七三八)の磐城平藩の八万人参加の大暴動、宝暦四年(一七五四)筑後久留米藩の一万七〇〇〇人参加の大一揆、同年信濃田之口藩の強訴事件、翌宝暦五年の広島藩の打ちこわし事件……、あげていけば切りのないほどの一揆・打ちこわし事件の頻発である。その地の百姓の代表は、幕府への箱訴、老中への駕籠訴のために江戸に出てくる。そして泊ったり、潜伏したりするのは、馬喰町とその周辺なのである。このあたりは訴訟のための出府百姓衆でいっぱい、情報交換の場となりつつあったのではあるまいか。そういう中で、馬場文耕、弟子文長らは、地方への関心を高め、百姓一揆を講釈にまで仕組むに至ったのであろう。

見懲しめの処刑

宝暦八年九月十六日、文耕は捕えられ、十七日に投獄され、三カ月にわたって取調べをうけた。かれは同年十二月二十九日、千住小塚原（骨が原）において獄門にかけられた。文耕、時に四一歳。判決文は、つぎのようにのべている（『幕府時代届申渡抄録』）。

文耕はかねて古戦物を講釈して渡世していたが、貧窮《ひんきゅう》で衣服にも困り、客から金を集めようと、珍しい出し物の講釈をする旨張札《はりふだ》をだした。それは「此度御吟味有レ之儀《このたびごぎんみこれあるぎ》」で、それを書本に綴り、講演し、さらに、くじ引きで、右の書本を与えた。また、政治向きのことを書本にして貸本屋どもへ渡した。もっとも夜講釈のおり、人々から雑説《ざっせつ》を聞いて書留めておき、書物にしたが、それは自分一人の仕業で、他人にはその書物を与えたりしていないと申立てている。しかし時事問題に関する風説を申しふらしたりすることは停止を命ぜられているのに、公儀を恐れず、風説・異説を夜講釈の題材にとりあげ、そのほか軽《かろ》からざる儀を書本にして貸出したことは重々不届《かさねがさねふとど》き至《し》極《ごく》である。松平右近将監殿の御指図によって、宝暦八年十二月二十九日、見懲《みごら》しめのため町中引廻し、浅草（千住小塚原）において獄門に申付ける。

右の文中、「此度御吟味有レ之儀」とは、金森騒動に関することである。文耕に夜講釈の宿を貸した榑正町の文蔵は、中追放を申付けられたが、その判決文には、文耕へ居宅を貸し、「夜講釈為レ致候《いたさせさうらう》処《ところ》、当九月十六日之夜には新作物を読候旨、右は金森兵部少輔、此度御吟味一件之由承候」とあって、このことを証拠づけている。

貸本屋の暗躍

注目されるのは、文耕一件に連座して処罰された人々のうち、つぎのような人たちである。

新乗物町源蔵店《だな》之者　藤兵衛　同人弟藤吉
神田久右衛門町蔵地平蔵店之者　次右衛門
大伝馬町二丁目家主　十兵衛
通二丁目又八店之者　与右衛門
通三丁目嘉七店之者　喜六
橘町三丁目家主吉次郎親　七右衛門
伊勢町長右衛門店之者　源蔵

右の者は貸本屋渡世の人たちである。かれらは種々の題名のついた文耕作の書本を文耕から買取ったり、古本市場で調えたりしていたとされている。「世上の異説、当時の噂事を流布致し候儀は停止の段、存じまかり在りながら、当時の噂事を書き顕はしこれ有り候処を家業に取扱ひ候段、不届の至り」とされて所払《ところばら》いを申しつけられたのである。さらに別の史料（『只誠埃録《しせいあいろく》』）によれば、

下槇町忠助店之者　貸本渡世　栄蔵

は軽追放に処された。さらに、

浅草平右衛門町勝七店之者　長兵衛

は過料三貫文に処された。これも貸本屋であろう。

最後に、文耕の弟子文長であるが、その肩書は「文耕方同居源吉事」となっている。かれは江戸払いに処された。

文耕をはじめとする、ここにあげた一一名の、講釈師・貸本屋たちは、まさにこの時期の江戸下町の庶民的コミュニケーションをささえる人々であったとしてよいのではないかと思う。

文耕の実像は？

文耕素生の謎　しかしここに大きな謎がある。この庶民的コミュニケーター、文耕の素生がまったく不明なことである。たとえば『コンサイス人名辞典日本編』の馬場文耕の項を引くと、生まれは伊予、本名は中井左司馬《さじま（ママ）》、文左衛門とあり、幼くして僧籍にはいり、のち還俗《げんぞく》して江

戸に下る、とその素生を説明している。しかしこのことを裏づける資料がまったく見出されていないのである。近代にはいって、文耕のことを説明した文献は『只誠埃録』である。これは幕府の魚御用《さかなごよう》を勤めていた関根七兵衛（号只誠《しせい》）の編著になる近世記録集である。関根只誠は、幕末～明治の劇通であり、記録収集家であった。この『只誠埃録』の中の一冊に「軍書講談事歴」というのがある。この中に只誠は、文耕をこう描いている。

馬場文耕は本姓中井氏、通称左馬次《さまじ》（ママ）、伊予の人。一たび出家に成《なり》、程なく還俗し、江戸に来り中井文右衛門と改《あらため》、後に馬場文耕と改名す。易術《えきじゅつ》を以て専業す。傍《かたはら》著述をせり。其中に述懐《じゅつかい》の意味を書顕《かきあらは》し筆乱《ひつらん》の癖有《へきあり》。其書ハ江戸著聞集・歌俳百人撰・百化物語《ひゃくばけものがたり》・武野《ぶや》俗談《ぞくだん》・愚痴《ぐち》拾遺《しふい》物語・武士なまり・馬鹿世界・医殺論《いさつろん》・盲千明一論《もうせんめいいつろん》・そしり草、其外猶《なほ》有へし。

末年、諸家へ出入し、又傍《かたはら》軍書批判講と名づけて専ら批難を講じ、遂ニ町家或ハ采女《うねめ》ケ原ニ出て講釈を弁《べん》じ、諸大名の家政等を弁ぜしかハ、終ニは公けの事を弁論し、此事専ら風聞に成、被《めし》ニ召捕《とられ》ニ御吟味之上御仕置被申付《まうしつけら》る。……

右、馬場文耕は、宝暦七年春、始てうねめケ原に出て講談せり、尤《もつとも》よし簀張《ずばり》ニ而入口に看板に大日本治乱記と出せしが、間もなく右看板とめられ、其後も看板に心学表裏咄《しんがくへうりばなし》と出したり。

……

講釈師に看板を出せしハ是が始なるべし。翌八年九月十日夜より、榑正町安右衛門店小間物渡世文蔵南側表通り中程平家ノ由宅にて夜講せり。……看板に書記したるもりの雫といへるは、宝暦八年十二月裁許になりし、金森騒動石徹白神主の訴訟一件、未た済ざる内に、私に裁判を評して講せり。亦《また》落着ハ斯有《かくある》べしと是も私に書物につくり、平かなもりの雫と題目して聴衆へ、くじ取にして出せり。終には一冊三百文宛《あて》に売しと云。写本ニして紙員《しいん》六枚計《ばか》り也。

九月十六日の夜ハ明しともさゞりし頃よりの人にて二百人余と云。聴人御断申候と札を出たり。此夜南町奉行組同心、聴衆の中に交りて居れり。本は十冊をくじニて出し、跡《あと》は売りたりと云。四ツ時過に仕舞《しまい》、皆退散後、文耕控所《ひかへしよ》にて茶を香居る所を召捕られたり。此時文耕大声して、行々《ぎやうぎやう》し静まり候へ、今喰事《しよくじ》して行んと云ひしに、同心一人、何此乱心者が、ト縄をかけし時亦云《またいふ》、乱心気違にあらず正気也、各々こそ狂気者と見受けたりとあざ笑ひたりと云。文耕吟味之時、当時の缺政《けつせい》を述べ、且《かつ》今般金森家一件ニ付私事の政事多く候なとを罵《ののしり》しとかや。されば裁許詰は遠島なるべきに、おほやけのことの批判し、奉行へ悪口せし簾《かど》を以て、重刑になりしといへり。

文耕の自己紹介

以上が、関根只誠が書いた文耕像である。そして文耕説明書きが、只誠の子関根黙庵がまとめた『講談落語今昔譚』にそっくりはいっており、その後、文耕の説明は、この黙庵著作に従ってなされてきているのである。もっとも黙庵は、文耕が易術を専業としたとある所を馬術と誤ったりしている。しかし只誠は何を典拠としてこの文を書いたのか明らかでない。とくにその素生についての傍証資料は、いまのところ見出しえないのである。はたして文耕は、伊予生まれの中井文右衛門なのか。はじめ僧侶であったというのは真実か。『只誠埃録』の本文の欄外書きこみの中に、「成元筆記」なる文献をあげているので、あるいは只誠はこれによって文耕素生を書いたとも思われる。しかしその文献も私は見出しえないでいる。かくして文耕素生は謎につつまれたままである。

講釈師見てきたような何とやらで、そのまま信じがたいけれど、文耕は自著の中に自分の前身について、ちらとふれている。すなわち『当代江戸百化物』の中で、「予ガ親ナドハ貞享ノ生レニテ」、今をときめく講釈師志道軒はもと護持院の小僧だったということを覚えていて、自分はそれを親から聞いた、といっている。また、この親から皿屋敷のお菊の話も聞いたといっている。さらに自分の子二人とも、上野寛永寺に奉公に上がっているともいっている。『江都著聞集』では、自分の俳諧の師は宗瑞《そうずい》（著名な江戸の俳人。宝井其角とも親しかったという）だとし、『愚痴拾遺物語』では、浅草蔵前の札差伊勢屋宗四郎（暁雨）とは、予の勤役中からの知合いで、当時、吉宗公の宗の字を宗四郎が使っているのを不敬であるとして、宗を惣の字に改めさせたといっている。この勤役中とは、幕府の御徒士程度のものか、奉行所の下役あたりか不明だが、武士であったことをいっていると思われる。つまり、かれは、生まれも育ちも江戸で、もとは武士、講釈師になってからも二人の子供は寛永寺に奉公している。こういう素生の者だということになる。また、元禄の盗賊改《とうぞくあらため》中山勘解由《かげゆ》の家来中山独《どく》なる人物や、幕府の記録方に関係ある鎮目《しずめ》某と知りあいだともいっている。すべて事実をいっているとは思えないが、もとは武士であったというのが真実であろう。

吉宗が設けた隠密、かの有名な御庭番のメンバーの中に馬場氏がいるので、その縁故者であったのでは、と疑っても見たが結局はわからずじまいで、やはり素生は謎につつまれている。

文耕作品目録　判決文には、文耕は政治向きのことを書本にして貸本屋どもへ渡した、公儀を恐れず異説を夜講釈の題材にしたとある。実際、文耕の著作をしらべていくと、ほとんどは当時の政治裏面をあばいたもの、権力の座にある人物の行動を描いて批判をあびせたものなのである。ここで改めて文耕著作を列挙してみよう。ことわるまでもなく文耕処刑と同時に禁書になったものばかりである。また、これらには、文耕著と明示されていないものも多い。私が考証を加えて文耕作と断定しうる書物はいれておいた。しかし今、紙面がわずらわしくなるので、考証過程については省略したい。

(1)『近代公実厳秘録』　宝暦五年　吉宗とその時代の逸話四八カ条をのべている。吉宗の明君ぶりをたたえる話が多い。

(2)『近世公実厳秘録』　宝暦六年　三六カ条の吉宗に関する逸話集。(1)と重複するものもある。幕府内の秘事にかぎられた内容。

(3)『当時珍説要秘録』　宝暦六年　家重時代の政界珍説集。

(4)『当世武野俗談』　宝暦六年　この時期の諸芸の名人たちの伝、怪僧の所行、市井《しせい》の奇行者たちの伝、俠勇者たちの伝、名高き女たちの伝などをのべる。

(5)『宝丙密秘登津』　宝暦六年　このころの大奥・政界の秘事をのべる。

(6)『森岡貢物語』　宝暦七年　盛岡南部家の留守居役尾崎富右衛門の忠義・剛直ぶりを語る。

(7)『近世江都著聞集』　宝暦七年　八百屋お七、白子屋お熊、瀬川路考、初代市川団十郎、佐野次郎左衛門、多賀長湖《たがちょうこ》（多賀朝湖＝英一蝶《はなぶさいっちょう》）らの事件を語る。

(8)『皿屋舗弁疑録』　宝暦八年　怪談皿屋舗の物語。

(9)『当世諸家百人一首』　宝暦八年　上は八代将軍吉宗から、下は非人、岡場所遊女に至る六五名の人々の詠歌とその批評をのべる。

(10)『当代江戸百化物』　宝暦八年　当代の著名人・奇行人、二六名をあげてその逸話を語る。

(11)『頃日全書』　宝暦八年　家重時代の武家内情を暴露したもの。多く側用人大岡出雲守忠光の専権・情実主義を批判し、老中松平右近将監、町奉行依田和泉守の器量ある行動をほめるという形の話が多い。

(12)『大和怪談頃日全書』　宝暦八年　(11)とは内容が異なる。一三条にわたる当代奇談・怪談。

(13)『明君享保録』　宝暦八年　一九条にわたる吉宗逸話集。

⒁『秋田杉直物語』　宝暦八年　秋田佐竹家の騒動を、奸臣那河忠左衛門の行状を中心に語る。
⒂『愚痴拾遺物語』　宝暦八年　当時の風俗・言葉などについての論評。

文耕の協力者たち

私がたしかめている文耕著作は、以上、一五点である。いずれも宝暦五年から八年の四年間にまとめられたもの。そのうち八点は、宝暦八年に書本になっている。八年九月十六日には逮捕されてしまうのであるから、文耕最後の年は一カ月に一点の割で、記述したということになる。大変な著述力である。かれ個人の力だけではとうていむりであろう。かれの弟子文長が協力したであろう。同時に貸本屋たちが取材に協力し、清書などを手伝ったのではあるまいか。あるいは隠れたる協力者（しかも幕臣）がいたのではないかとも思われる。宝暦の江戸に、文耕を中心とする、ジャーナリストの先駆といっていい、記録収集グループが成立していたのである。

文耕は、吉宗びいきだった。明君吉宗像をつくりあげたのは文耕といってよいほどの惚れこみようだ。文耕が書いた吉宗の逸話は、ほとんど全部といっていいほど、江戸幕府の正史『徳川実紀』にも採用されているのだ。もともと文耕は、理想は封建政治にあることを確信していた人だ。それが現実を見つめるにしたがって、理想とはほど遠い封建政治の実態を見てしまったのだ。

かれらは、政界の不正・無策ぶりを暴き、農民たちの死を賭して郷党に尽す姿に、熱い共感を持つに至った。そうした体験を通じてさらに取材力・記述力を増大させたのであった。

幕府の言論統制・禁書体制をのりこえうる実力の持主たちが、江戸下町には育ちつつあった。そうした状況に対する厳しい見懲《みごら》しめ（みせしめ）としておこなわれたのが文耕獄門だったのである。

骨が原の別れ

文耕の弟子文長こと源吉の刑は、江戸《えど》払《ばら》いであった。石井良助氏『江戸の刑罰』によれば、江戸払いの刑とはその判決が言い渡されると、羽織をぬがされ後手にしばられる。そして吟味与力が御構状と称する書付を読み聞かせて追放の場所を示す。そして品川・板橋・千住・本所・深川・四谷大木戸の外へ追放されるのだという。

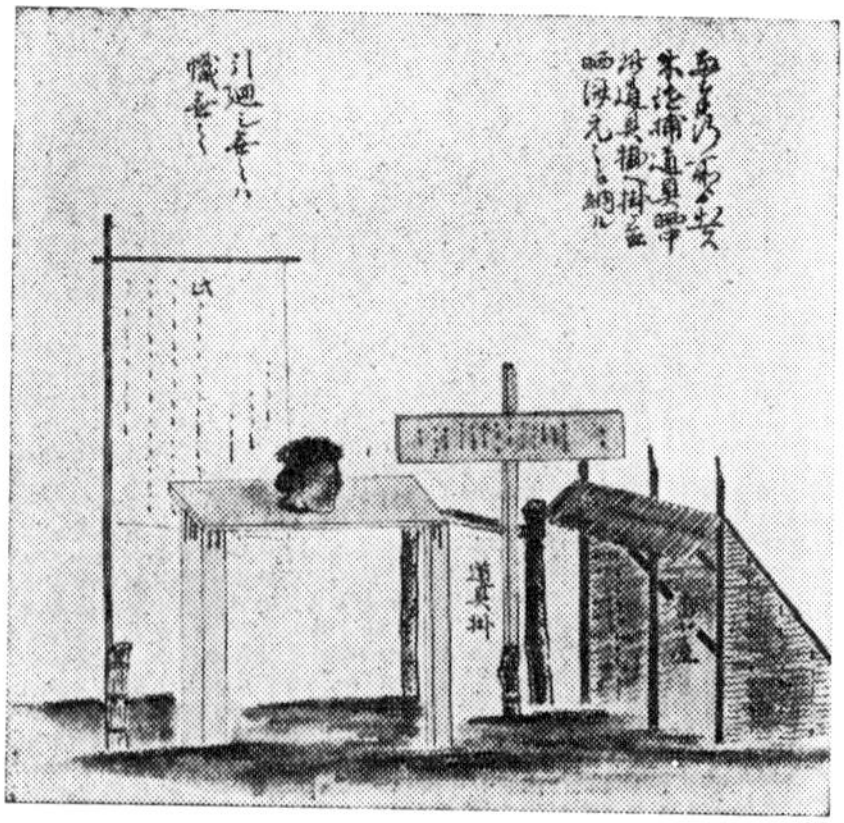

獄門の図

図中の説明文には「両奉行所より出ス朱鑓・捕道具，晒中此道具掛へ掛ケ置，晒済元々江納ル」「引廻シ無之ハ幟無之」とある。（『刑罪大秘録』）

私には、文長は千住で放たれたような気がしてならない。師文耕の刑は獄門だった。「見懲しめのため」の獄門である。町奉行が獄門の恐しさをいちばん見せたかったのは弟子の文長だったにちがいない。骨が原刑場の入口の獄門台にすえられた文耕の首に別れの対面をさせられ、文長は千住で放たれたと想像したいのである。

この二年ほどの間、師文耕と生活をともにし、講釈師としての修業をつんだ体験、そして獄門台の師匠との別れの強烈な体験、この体験を抱きつつ文長は、その後をどう生きていったのか、またさまざまな想像をかきたてられるのである。

文耕を語って来たついでに、かれの講釈ダネの書本《かきほん》の一つ『近世江都著聞集』の中から「佐野次郎左衛門伝」の一節を紹介しておこう。これまで、講釈といえば、古戦物つまり軍談であった。文耕は浮世の事件を脚色した世話物講釈の草分けでもあった。この「佐野次郎左衛門伝」は、のち明治になって、三世河竹新七によって歌舞伎に仕組まれた。それが有名な『籠釣瓶花街酔醒《かごつるべさとのえいざめ》』である。では、文耕「佐野次郎左衛門伝」の読み切りの一席。

公界に躍る恨みの刃

京都紫野に庵をむすんだ祇空《ぎくう》という俳諧師の発句に、つぎのような句がある。

九年何公界《くかい》十年花の春

この句は、半面遊女、そして半面は達磨の画の讃であるという。達磨が九年のあいだ壁にむかって座禅をくんだということより、見世女郎の公界、十年の浮勤《うきつと》め――と人はいうけれど実は憂き勤めにほかならない――を、よくこらえ忍んで勤めあげ、ついには心の波も静まって、阿波の鳴戸の風もなくというごとく、憂き公界の中で自らをねりあげてついには心静かな境地にまで到達する、このようなことを祇空は「十年花の春」にこめているのであろう。世の中の男女、この遊女の心をよく思えば物事に争うこともなく、ゆたかな心で怒りもおさえることもできよう。生きとし生ける者、修業しなければならないことであろう。

籠釣瓶花街酔醒—吉原仲の町の場—
おちぶれた次郎左衛門（初代吉右衛門）が八橋（6代歌右衛門）にしつこくつきまとう。

元禄のころ、下野（栃木県）は佐野の産に、次郎左衛門という人がおった。佐野では大きな身上で炭問屋を営み、分限者よ大臣よと呼ばれたのだが、ある時江戸にでて、乱舞遊興を習って、ふと新吉原に通いづめ、角町《すみちょう》万字屋の八橋《やつはし》という遊女に心を奪われてしまった。大金をつかい、沖こぐ舟の楫《かじ》を失ったごとく、うつつともなく迷いこむ恋慕のやみ、……八文字屋自笑が「傾城禁短気」に、色はただ慰みのことと書いたのは至極の格言であった。

町人・百姓の、いったんは好色にふけり、遊女傾城《けいせい》にはまっても、ただ慰みとばかり心得るときは深くはまらず、色を好むにも賢なる道を好めというではないか。古来色に命をおとした人も多い。……

さて、佐野の次郎左衛門は、表徳《ひょうとく》（俳名）を杜若《とじゃく》と名乗ったそうな。杜若とはかきつばたのこと、三河の関のかきつばたの名所にある橋が名高い八橋。表徳さえも八橋にあわせて名乗るとは。新玉《あらたま》の初買い、つまり新年の初登楼にはじまって、桃柳月雪花、季節のうつりにかわることなく通いつめ、終《つい》に在所の身代微塵《みじん》にして借金おびただしく、田畑もみな売払い、今はなかなか遊里への道を歩むのもたえだえとなる。八橋も、今までの次郎左衛門の一途に尽してくれた心をうれしとは思うたが、公界勤めの身とて詮方ないことであったのか、またはほかの客へと移る心の花にさそわれたのか、いまは次郎左衛門への誠の心もうすらぎ、身すぼらしき姿でたずねくるのをうるさく思う身のこなし。いっそう執念をつのらせる次郎左衛門、折ふし廓《くるわ》へ来て仲の町にたたずみ、八橋が道中《みちゆき》に行きかかっては物などいいかける。八橋これをうるさく思い逃げ隠れするのも情ないしうちであった。次郎左衛門にすれば、彼女のために心を尽し身上を果たし、このようにおちぶれてしまったという思い。八橋とて情のかけてくれようもあるであろうに、思いだすのは誓紙のことば、秋の夕べの起請文、傾城の色事にいつわり多いのを知りながら、うかうかとはまった無念さよ、伝え聞けば大坂の夕霧は、かつてなじみの藤屋伊左衛門の風の神ともあやしむ紙子編笠姿にも心を尽し、昔にかわらぬやさしき挨拶、おちぶれた伊左衛門の隠れ家まで聞きだして、その後いろいろと心を尽したというではないか。……

あの夕霧といまの八橋の心いきの違い、誠に雪と炭というものと次郎左衛門、八橋を恨んだのも道理。かくてあるとき、次郎左衛門また仲の町で八橋に出合ったが、ひたひたとすり寄り、いかにそなたは情なく、やさしき詞《ことば》をわれにくれないのか、このようになったのもそなたゆえではないかと涙ぐんで語りかける未練のくどき。男の見苦しい体《てい》たらくに恥じて、一言の返答もなく通り過ぎる八橋を次郎左衛門、男にかくまでいわせ返事もなくすぎるとは言語道断の義理知らずと腹立ちながら、なおも慕いゆけば、やりてや禿《かむろ》は八橋をかばって、かまいなさるなとささやきながらの急ぎ足。仲の町の茶屋蔦屋佐次右衛門が方へはいり、二階へ上がろうとする所を次郎左衛門飛びこんで、一刀抜きはなち、おのれ男に恥をかかせるか、今はのがさぬ恨みの刃請けとれと切りかける。八橋ははしごの中ほどまで上がっていたが、胴を両断され、腰より上は、はしごにしがみつき、腰より下は、はしごの下の広庭の中へどうと落ちる。次郎左衛門の刀は備前国光の大業物《おおわざもの》、銘を籠釣瓶《かごつるべ》。切れあじ水もたまらぬということであろう。それより次郎左衛門、屋根伝いに逃げようと二階へ上がり……ついにとらわれ死罪となる。

鬼灯《ほほづき》に舌三寸のやぶれかな　文耕

出版取締り令と禁書

出版取締りのはじまり

最初の出版統制令と出版界

明暦三年（一六五七）七月、つぎのような触が、京都の住民に対して出された。読みにくいとは思うが、あまり知られていない文書なので原文のままあげよう。

條々《じょうじょう》

一、和本《わほん》之軍書之類、若板行仕事有レ之者《もしはんかうつかまつることこれあらば》、出所以下書付、奉行所へ指上可レ請二下知一事《げちをうくるべきこと》。

一、飛神《ひしん》・魔法・奇異・妖怪等之邪説、新義之秘事、門徒《もんと》又者山伏《やまぶし》・行人《かうじん》等に不レ限《かぎらず》、仏神に事を寄《よせ》、人民を妖惑《えうわく》するものの類、又ハ諸宗共に法難ニ可二成申一分《なりまうすべきぶん》、与力同心仕之族《つかまつるのやから》、代々御制禁之条新儀之沙汰《さた》ニあらざる段可レ存レ弁二其旨一事《そのむねをわきまへぞんずべきのこと》。

（以下一条略——礫打《つぶてう》ちあい禁止——）

右条々違犯之族《やから》於レ有レ之者《これあるにおいては》可レ為二曲事一《くせごとたるべき》者也《ものなり》。

明暦三年丁酉二月廿九日　佐渡印

下京　町中

実はこの京都で出された触が、現在までに発見された、江戸時代における、いや日本史上における、最初の出版統制令である。

これまで、出版統制令の最初は、寛文年間（一六六一〜七二）発令のものと考えられていた。拙著『江戸の本屋さん』でもそのようにのべておいた。ところが熊倉功夫氏の教示によると、『法令雑録』という京都の記録に、明暦三年の統制令があるとのこと。それが冒頭にあげた触である。

発布者は佐渡となっている。これは当時の京都所司代牧野佐渡守親成《ちかしげ》である。発布対象は下京町中とあるが、同じ触が上京町中にも出されたであろう。なお同条々は「上下京町々古書明細記」（『日本都市生活史料集成』一所収）にも記録されている。

明暦のころ京都所司代をして統制令を出させた出版状況は、どのようなものだったのであろうか。京都の出版界は、寛永年間（一六二四〜四四）からいちじるしく隆盛となっていた。そして、さらに発展の一途をたどっていた。元禄期、出版界の中心勢力で、京都書林の十哲といわれた出版業者がでそろいつつあった。林和泉《いずみ》（家号は出雲寺）・村上勘兵衛（家号は平楽寺）・野田弥兵衛・山本久兵衛・八尾甚四郎・風月庄左衛門・秋田平左衛門・上村次郎右衛門・中野市右衛門・武村市兵衛らの諸店である。かれらはこれまで、写本として存在していた和書・漢籍・仏教書を印刷に付し、また俳諧書・仮名草子・儒仏解説書の類をつぎつぎと出版していた。書物なら何でも印刷し販売するという積極的な商策を展開していたのである。日本における出版文化は形成期から発展期へとさしかかっていた。

幕藩創業回顧録の盛行

京都書林は、江戸にもそれぞれ出店を設けて販路をかためつつあった。江戸の書物受容者は何といってもまず武家だった。徳川家をはじめ、大名・旗本諸家の間で、家の歴史をまとめようとの関心が高まっていた。徳川幕府・諸大名の創業時代をへて、さらに地盤を固める、いうなれば守成の時代にはいっていた。それぞれの家史編纂がすすめられていた。

徳川幕府の創業のいきさつを書物にまとめる作業が、まず活発となった。大久保彦左衛門が『三河物語』を著わし、尾張の徳川義直は『東照宮御年譜』を書いて幕府に献上し、やがて紀州徳川家からは『創業記考異』が献じられる。

寛永十八年（一六四一）、将軍家光が下命して、大名・直参《じきさん》（旗本と御家人）諸家の系図を集めさせたことは、諸家の家史回顧熱をあおった。数千の家譜が集まり、林羅山とその子鵞峰が、それらの家譜の真偽を正し、編纂したのが『寛永諸家系図伝《かんえいしょかけいずでん》』である。さらに羅山は、下命をうけて『本朝編年録』の編纂にとりかかり、まず神武天皇から宇多天皇までの日本の通史四〇巻を、六国史を参考として著わした。それ以後、つまり醍醐天皇以降は、あらためて資料の収集が必要であった。羅山が、その作業を進めつつあったとき、明暦の大火に逢い一万余巻の蔵書を失ってしまった。落胆のあまり、羅山は急死した。

明暦の大火は明暦三年（一六五七）正月十八日より二十日、三日間も荒れ狂った。火は江戸の大半を焼き、江戸城本丸まで焼け落ちた。伝えられる死者一〇万。大名屋敷一六〇、旗本屋敷七七〇、寺社三五〇が焼失。それらに所蔵されていた書物・記録の損害も大きかった。徳川光圀は、かねて『大日本史』の編纂を志していたが、この明暦の大火で多くの資料が失われたのを憂い、大火の翌月に、編纂所（のちの彰考館）を藩邸に設け、『大日本史』の編纂に着手した。

こうして京都出版業界の発展、歴史書編纂気運の到来、大火後の書籍需要の急増という背景をもって、京都の書物屋たちの活動がいっそう活発となった時期に、最初の出版統制令がでたのであった。

寛文の出版統制令

明暦三年の出版統制令は京都でだされたが、江戸では寛文年間（一六六一〜七二）に、北町奉行として活躍した渡辺大隅守綱貞が、出版統制令を出している。正確な年次は不明だが、江戸板木屋仲間の記録によると板木屋甚四郎（通油町《とおりあぶらちょう》、いまの大伝馬町三丁目あたり）が召出されて、つぎのような申渡しをうけた。

軍書類・歌書類・暦類・好色本類・噂事や人の善悪、そのほか何によらず疑わしい書物の印刷を注文された時は町奉行に報告し、指図をうけてから出版をひきうけよ。

この申渡しと同時に、甚四郎は板木屋仲間の結成を命じられたという（『江戸板木師旧記写』）。

寛文十三年（一六七三）、こんどは板木屋だけでなく、町中の者に対しても、つぎのような触がだされた。

以前に板木屋に仰付けたことだが、公儀（幕府）のことはいうまでもなく諸人が迷惑するようなこと、そのほか何でも珍しいことを出版する場合は、町奉行へ申しでて指図をうけておこなえ。もし隠れて出版した場合は、厳しく穿鑿《せんさく》して処罰する。（『御触書寛保集成』）

江戸の板木屋一同は、この触書を守ることを誓約し、署名押印をさせられ、さらに町中の者も連判させられている。

寛文年間にはいって、明暦の大火による資料焼失で、一時中止されていた林家の『本朝編年録』の編纂が、書名も『本朝通鑑《ほんちょうつがん》』と改められ促進された。あらためて諸家の記録や系図が集められつつあった。

寛文六年（一六六六）には、山鹿素行の処罰、赤穂幽閉の事件がおきた。幕府の「日記」には、「素行は我意にまかせ、聖学異見の書物を著わしたのは不届きである。よって浅野内匠頭へ召し預けらる」とある。また、これは先に保科正之が、「当世造言をなす者がいて世をまどわし、民をたぶらかしている。厳禁すべきである」といっていたのを、老中が了承してこの処罰に至ったとしている（『泰平年表』）。山鹿素行の聖学異言の書物とは、いうまでもなく『聖教要録』である。世に人気のある浪人儒者が、主体的な思索を通じて、朱子学を批判する行為は、由井正雪事件をも思い起こさせる警戒

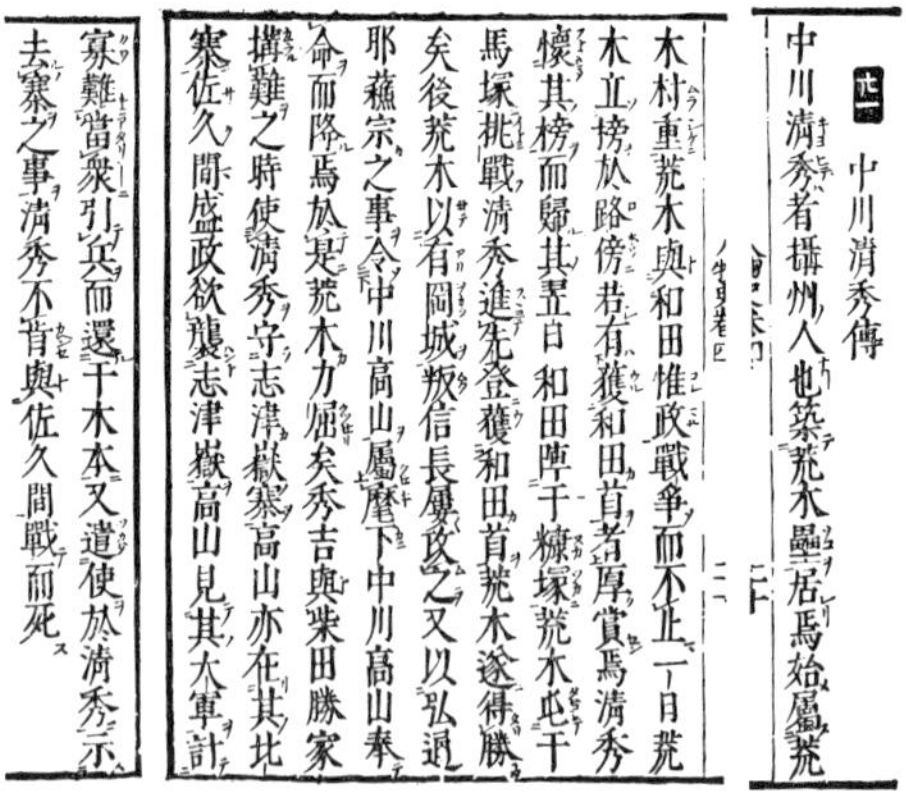
廿一 中川清秀傳
中川清秀者攝州ノ人也築荒木壘居焉始屬荒
木村重荒木與和田惟政戰爭而不止一日荒
木立榜於路傍曰有獲和田首者厚賞焉清秀
懐其榜而歸其翌日和田陣于糠塚荒木屯于
馬塚挑戰清秀進先登獲和田首荒木遂得勝
矣後荒木以有岡城叛信長屢攻之又以弘通
耶蘇宗之事令中川高山屬麾下中川高山奉
命而降焉於是荒木力屈矣秀吉與柴田勝家
搆難之時使清秀守志津嶽寨高山亦在其北
寨佐久間盛政欲襲志津嶽高山見其大軍計
寡難當衆引兵而還于木本又遣使於清秀示
去寨之事清秀不肯與佐久間戰而死

『日本人物史』
中川清秀伝の項。（国立公文書館所蔵）

すべき問題だったのである。

筆禍事件 『日本人物史』

寛文十二年（一六七二）には、周防（山口県）岩国の吉川家の儒臣で、松《まつ》永尺五《ながせきご》の門人として著名であった宇都宮由的《ゆてき》（遯庵《とんあん》）が処罰された。かれの『日本人物史』出版が罪に問われ、京都を追放された。由的のこの書物は、歴史上の人物を、武将（二五名）・亡将（二五名）・闇将（八名）・名家（九名）・忠臣（九名）・逆臣（一一名）・姦凶《かんしん》（九名）・義士（一二名）・勇士（二三名）・儒林（八名）・医林（一七名）・列女（二七名）・芸流（三八名）にわけて簡潔な評伝を加えたものである。この勇士の部に、佐々木経高や木村長門らの伝と並んで、中川清秀伝がはいっている。この書物が罪に問われたのは、中川清秀伝に「弘通耶蘇宗」の文字があったからだといわれている。

中川清秀は豊後岡藩（竹田城）の祖である。信長・秀吉に仕え歴戦の功のある武将として著名である。摂津茨木城主、はじめ荒木村重に属した。荒木村重が和田惟政と対立したとき、ある日村重が立札をたて惟政の首を取った者に賞を与える旨布告した。その布告の立札をみた清秀は、翌日一人で敵陣に侵入し、惟政の首を取って帰った逸話が有名である。やがて、荒木村重は信長と対立するに至るが信長は中川清秀と高山右近とにキリスト教保護を約束して荒木を裏切らせた。ついに荒木は屈することになる。その後、中川清秀は秀吉に属して、柴田勝家軍の先鋒佐久間盛政と戦って壮烈な戦死をとげる。この中川清秀が、キリシタン大名であったことにふれていたのが、『日本人物史』筆禍の直接的原因だったのである。諸家創業期のさまざまな下剋上の行動事実や、キリスト教との関連事実が、出版書に載せられるのは、幕藩にとっては厳に警戒しなければならなかった。

寛文十三年の出版取締り令は、この時期の出版のいっそうの発展に対する一般的統制でもあるが、山鹿素行や宇都宮由的の筆禍事件も、発令の原因であろう。

天和の統制令と筆禍

書物統制の高札

新作之慥《たしか》ナラザル書物、商売スベカラザル事。(『正宝事録』)

このように書かれた高札が諸国に立てられたのが、天和二年(一六八二)五月のことだった。書物統制の高札が立てられたのは、これが最初であろう。五代綱吉政権の基本政策の一つである。

このとき諸国に立てられたのは、この文が書かれている高札を含めて、五枚であった。江戸日本橋のたもとの高札場をはじめ、諸国城下町の高札場に五枚の高札が並べ立てられた。

第一札には、忠孝の道徳、倹約・勤労をさとす七条の文が書かれていた。以下、第二札にはキリスト教厳禁、第三札には毒薬・偽薬・偽金を作ることの禁止令とともに、さきに示した書物取締りの条文を加えて七条が書かれていた。第四札は駅人馬賃銭の定め、第五札には火事場取締りのことが掲示されていた。

延宝八年（一六八〇）八月、五代将軍として登場した綱吉が、人民の前に基本政策を五札の高札に書いて示したのである。その後、出版取締り令は、貞享元年（天和四年（一七八四））の四月、十一月と相ついで、江戸市中に公布されている。

こうしてみると、天和の時期は、書物を媒介とした社会的コミュニケーションの展開に、幕府が強い関心を示し、統制強化にのり出した時期といわねばならない。

そうした統制強化の背景には、コミュニケーションにおける新動向の出現があることを想定せざるをえないだろう。

天和二年（一六八二）四月、新作の書物に対する警戒の高札のでる前月のこと、江戸で筆禍事件がおきている。この事件は、宮武外骨の『筆禍史』にも収録されている。

江戸山伏町の正木惣右衛門という者が、諸国巡見使に随行して見聞したことを、記録二冊（書名は不明）にまとめて、その写本を売ったことが罪に問われた事件である（『御仕置裁許帳』）。

将軍の代替りの時、諸国視察の巡見使が派遣されるのがならわしであった。元和元年（一六八一）正月、関東・近畿・中国・北陸・四国・九州・東海・東北と全国を八分して、それぞれに巡見使が出発した。このうち中国地方の巡見には使番高木忠右衛門定清、小姓組服部久右衛門貞治らが赴き、一〇カ月にわたって巡見した。正木惣右衛門は、中国地方巡見使の記録係として召抱えられた者だったのだろう。巡見使の視察結集を知りたいのは、どこの大名も同じであったろう。しかし視察記録は機密に属することである。正木惣右衛門はそれを犯して処罰された。

「越後騒動記」で八丈遠島

同じ天和二年、一音という僧侶が、越後高田藩の御家騒動のことを、小説風に書いて『越後記』と名づけて流布させたのが罪に問われた。「無根の空言を流伝」したという理由で八丈島に流されたのである（『徳川実紀』）。

河竹繁俊によれば、一音はもと高田藩家老、岡島壱岐の家来で、主家が没落してから虚無僧となり、さらに黄檗宗の僧となった者だという。

越後高田藩の御家騒動は、『徳川実紀』につぎのようにのべられている。

越後高田の城主は松平光長（徳川家康の二男の秀康の孫）。この光長の家老に小栗美作という姦人がいた。光長の信頼をえて、光長の妹を妻としていた。その腹に設けた男子掃部《かもん》という子を、光長の養子とし高田藩を継がしめようとした。忠義の老臣永見大蔵、荻田主馬らは一致して、美作の悪だくみをあばき、また民を苦しめている状況を光長に訴え、小栗美作を押込めてしまった。しかし美作は、かねてこのようなこともあろうと、藩主光長の長子三河守綱国をもたばかっており、時の大老酒井雅楽守忠清、大目付渡辺大隅守綱貞ら幕府の重役にも意を通じ賄賂を送っていた。大老酒井忠清も、かねがね小栗美作はたのもしい者と思っていたので、永見大蔵や荻田主馬らの美作排撃を聞いて、かえって大蔵・主馬らに不利に裁断し、江戸へ召出して、公儀の沙汰といってみな御預けに処した。かくして高田藩は小栗美作の意のままとなったが、家中は二派にわかれ、少しでも志のある者は暇を請うて国を立去る者、この一年の間に一〇〇人にもおよんだ。五代将軍綱吉の代になり、大老酒井忠清が罷免されて後も、高田藩中の紛争はやまず、このたびの（元和元年の）巡見使に藩内の民は訴状をさし上げ、小栗美作の虐政をなげくこともたびたびであった。またこの年の春、家老岡崎壱岐・本多七左衛門なども暇を願いでている。かれら高田藩重臣は将軍目見得の者たちであるから、かれらの退職は藩主松平光長の一存ではいかない。新将軍の上裁も仰がなければならず、綱吉も不審の念を深くしたのである。そこで各所に預けられている永見大蔵・荻田主馬、そして小栗美作、その他高田藩家臣たち大勢を召出し、評定所で審問をしたが、小栗美作の巧みな弁舌でらちが明かない。ついに天和元年六月二十一日、江戸城大広間において、尾張・紀伊・水戸の三家、甲府の徳川綱豊、老中から小納戸・目付に至る役人全員、譜代大名・幕臣ら列席の上、将軍綱吉出座、この大法廷で高田藩両派の対決がおこなわれた。しばらく審問ののち将軍自ら大声で、「これにて決裁する、はやまかり立て」とつげたという。この裁判は、新将軍綱吉の権威を示す一大デモンストレーションであった。翌二十二日、評定所において判決言い渡し。小栗美作とその子大六は死罪のところ、藩主松平光長が徳川の親族であるゆえに死を賜わり、永見・荻田は喧嘩両成敗で八丈島流罪、その他追放・御預けなどの処置がおこなわれた。二十六日、松平光長は藩政不行届きのゆえをもって領地没収、光長は伊予松山松平家に、その子綱国は備前福山水野家にいずれも預けられた。大目付渡辺綱貞は在職中、高田藩内紛についての処置が悪かったとされて八丈遠島、酒井忠清も同罪だがすでに死んでいるので、その子忠挙、二男忠寛が遠慮を命ぜられるなど、処罰は幕府重役にまでおよんだ。さらに酒井忠清の弟忠能(駿河田中の城主)までが、宗家が処罰をうけたのに進退伺いを申しでなかったということで彦根井伊家へ御預けの身となった。綱吉のこうした峻厳なる処置は、これまでの下馬将軍酒井忠清の支配体制に身をおいて安穏にすごしていた大名・旗本たちをふるえあがらせるのに十分であった。家綱時代の酒井忠清体制の完全な崩壊をも意図した事件処理だったのである。

急激な幕政の風向きの変化の中で、人々は越後騒動に関する情報がほしい。この事件に関する実録めいた浮説・奇説の物語が写本として流布したであろう。その中の一つが僧一音の『越後記』だったのである。

この越後騒動の一一年前、寛文十一年(一六七一)には伊達騒動がおきている。この伊達騒動についての実録体の読み物も、世に流布していたが、このたびの越後騒動に刺激されて、あらためて『仙台萩』のごとき伊達騒動の物語も広がったのであろう。

もう一件、このころ問題になった書物がある。江戸時代最大の偽書事件といっていい『旧事大成経』をめぐる事件の表面化であった。この事件については、くわしくは後に紹介しよう（一六三頁以下参照）。

偽書『旧事大成経』は、天和元年八月禁書に指定され、全国社寺関係に回収命令がだされている。こうした、筆禍事件の続発があって、天和二年五月の諸国高札に「新作之慥ナラザル書物、商売スベカラザル事」という条文がかかげられたのである。

貞享の統制令

貞享元年（一六八四）になって、四月と十一月、あいついで出版統制の触が江戸で出されている。

『服忌令』出版で処罰

まず、貞享元年四月の出版統制令をあげよう。

町中の板木屋ども、公儀（幕府）のことは申すまでもなく、世の珍事について開板する場合は、町奉行に届出て指図をうけて出版せよ。以前も、この触を出し、板木屋どもも証文を提出しているのに、このたび服忌令《ぶっきりょう》の触を指図もうけないで開板し、しかも勝手に加筆した段は重々不届きである。取調べの上、入牢を申付けたので、今後、右の旨をよく心得、公儀のことはいうまでもなく、諸人に迷惑になったり支障のあるような書物の板行は一切無用である。うたがわしい時は町奉行に伺い指図をうけて板行せよ。若し隠れて開板した時は厳罰に処する。このことを板木屋だけでなく町中の者に守らせよ。（『御触書寛保集成』）

右の文中の「服忌令之御触」とは、この年三月二日に出されたもの。親族が死んだ時、一定期間自宅において慎みの生活を送ることを服忌というが、その親疎に応じての日数を規定したのが服忌令である。たとえば第一条には父母の死に際しては忌《き》すなわち慎みの日数五〇日、服つまり喪服《もふく》を着ている期間が一三カ月と規定してある。夫の死に際しては忌三〇日、服一三カ月、妻のときは忌一四日、服九〇日などともある。これらを詳細に規定して、町々の名主に写し取らせ、家持《いえもち》はもちろん借家《しゃくや》・店借《たながり》・地借《じがり》町人まで触れ聞かせ、きっと守らせよとしている。このような服忌は庶民の生活の実情にはまったくあわない。綱吉政治の形式主義の一環である。あまり詳しく規定されているので普通には覚えていられない。江戸大伝馬町二丁目の板行屋惣兵衛なる人物が出版したのである。

出版に際して町奉行の許可をうけず、しかも一部に自分で加筆して出したのが処罰の原因となった。この事件に関連して、貞享元年四月の出版統制令が発せられたのである。

小歌・流行ごと出版の禁止

この年十一月の統制令はつぎの通りである。

江戸の町中で、つまらぬ小歌や流行《はやり》ごと、あるいは世の中の変事などを刷物にして売っている者がいる。町々の家主《やぬし》はよく調査して、そのような板行をさせないようにせよ。辻々や橋のたもとなどで売っている者がいたら捕えて番所へ知らせよ。取調べの上、売った者はもちろん、板行者も処罰する。(『御触書寛保集成』)

小歌や流行ごと・世の変事を辻や橋で売っている者を捕えよというのであるから、この触は、読売《よみうり》や小冊子類の流行についての禁令だと解される。小野秀雄氏は『かわら版物語』の中で、当時の文献『天和笑委集』にもとづいて天和年間を読売・小冊子出版の流行期のはじめとみている。

変事小冊子の大流行

『天和笑委集』は、天和二年(一六八二)、三年の江戸大火の惨状と八百屋お七放火事件のいきさつを詳述したものだが、その巻一〇「世人の噺凶《はなしきよう》と成事《なること》」というのが記されている。それによると、天和二年の十一月のころから、当世の世話をあつめて『江戸はいふき対《つい》の道具《どうぐ》』と題する小冊子にして売歩くものがおり、大いに流行したという。「はいふき」は、静岡の吐月峰《とげっぽう》の竹で作った煙草盆《たばこぼん》(これを俗に吐月峰といった)で、煙草の吸いがらをふき捨て、痰もはいたりする。火事で江戸中、灰と泥にまみれ、まるで吐月峰のはいふきのようなきたなさだということ。対の道具とはセットになっている道具という意味だが、天和元年十一月二十八日、十二月二十八日と、ともに二十八日江戸で大火、風はともに北風、しかも火元も二度とも出家の庵《いおり》、つまり、昨年の江戸の大火は日にち・風向き・火元、合わせて三幅一対《さんぷくいっつい》になっているというのである。

この『江戸はいふき対の道具』という出版物を「氏いやしきやつばら、是《これ》をもてあるき、あみ笠ふかぶかとかむり、或は手拭《てぬぐい》を以て、ほうげたをかくし、町々小路〳〵をめぐり、たからかによみあげ是をうる」というありさまが、ここかしこに見られたのである。かれらは、「風かはつたぞや、ゆかしいぞや、すたつたぞや」とよびながら、「途方《とほう》もなきあんたる事を、書きつらねたもの」を売ったのであった。江戸中の人びとが買求め、暗誦するほど読み返し、「ぞや言葉」が流行語となった。れっきとした武士の会合でもそれが話題となり、「屋形《やかた》〳〵、町小路、新道、うら店、儒医、出家、愚俗《ぐぞく》、男女、老若、江戸中いたらぬくまなく是をさへづる」ありさまだった。この小冊子は、はたして大火に関する噂だけだったのであろうか。それだけでかくも流行するものであったか。売歩く人びとの「風かわつたぞや」という叫びには、大火を機とする「世直り」の願望がこめられているような気がしてならない。

お七読売の流行

こうした流言のひろがりは凶を呼ぶものだと考えられていた。個人的な凶事はともかく、社会的な凶は世の中が変わるきっかけだとも意識されていた。こうした流言は世直り願望のあらわれなのである。

江戸住民の不安と願望に応えるかのように、天和二年十二月二十八日に三たび江戸大火が起こるのである。二十八日という奇しき因縁の大火の中で人々は逃げまどいつつ、いよいよ「世直り」を待望した。この天和二年十二月の大火で焼けだされた八百屋お七が吉三郎と出会い恋におちいるということになる。

火は駒込の大円寺から発した。本郷・上野・下谷・池ノ端・神田を焼きつくし、さらに日本橋とその周辺一帯、両国橋を焼いて、本所・深川まで広がった。翌天和三年三月二日、恋人に会いたさにお七の放火事件がおき、同月二十九日、お七は火付けの大罪人として鈴ガ森で処刑された。処刑に先だち、お七は、一〇日間も江戸中を引きまわされた。一一日目が晒し場の日本橋から鈴ガ森へ、死への道行だった。江戸中の人々が沿道に集まってこれを見送り、刑場も見物人でいっぱい。東海道の通行もままならぬありさまだったと『天和笑委集』は伝えている。同書は、お七処刑後についてつぎのようにいっている。

三月廿八日（実は二十九日）命をはりしより、江戸中の貴賤爰《ここ》かしこに寄集り、おもてにうれひの色をあらはし、声をやはらげこと成《なる》物語をとゞめ、昼夜此事のみさとす。然る上はかぞへうたに作てこれをうたひ、或は道ゆきいろは唄、ぢごくさんだん、上るりせつきよう、ふしをあらため、江戸中至《いた》らぬくまなくうりありき、のちには道中五十三つぎ、別《べつし》ては洛中洛外、大坂の町々、奈良、さかひ、伏見、淀、紀州和歌山、すべて五畿内五箇国、……日本六十余州のこる方なくうりあるく。かゝれば遠き国里迄も、誰しらずと云事《いふこと》なし。

お七に関するさまざまな歌や物語が日本全国に広がった様子が、ややオーバーな表現でのべられている。いまでは名前も氏もわからぬ『天和笑委集』の著者が、当時、お七の話を媒介にして庶民的コミュニケーションが活発に展開し全国化した状況を実感として感じとったから、このような文章でまとめたのであろう。

江戸大火やお七の噂、読売・かぞえ歌の流行、印刷小冊子の大量流布という現象は、流言的情報の大流行ともいうべき社会現象である。流言的情報の流行は、社会的不安定、大事件の発生のときにでてくるものである。民心動揺などと古くさい言い方でも表現されよう。そして背景には、政治的不安、さらには「世直り」願望の蓄積があるのである。

流言は走る

綱吉時代、江戸の住民にきこえてきた情報を丹念に書きとめた記録がある。戸田茂睡の『御当代記』がそれである。

戸田茂睡は、岡崎藩本多氏に仕える三〇〇石の武士であったが、故《ゆえ》あって禄をはなれ、江戸の浅草や本郷丸山に住んで歌学を研究し、その革新を唱えた人である。かれは宝永三年（一七〇六）、七八歳で没するが、晩年の二十余年間、家綱の政治雰囲気とはがらりと違う、江戸住民にとっては異常なる綱吉の政治を市井にあって観察し、その記録を残した。

『御当代記』には江戸に広がった流言のかずかずが記録されている。

天和元年（一六八一）二月六日の夜、風も吹かず地震もないのに、山王権現の石の鳥居がたおれ、血がおびただしく流れだした。蝙蝠《こうもり》の血ではないかともいわれているが、蝙蝠ならこれほど流れることはない。

天和二年正月元日、風もないのに春日大社の石燈籠が三〇余もたおれ、二月堂の前には牡鹿が死んでいた。同月、京八幡の坊三カ所が焼失した。前年十二月の伊勢内宮の炎上、正月の春日大社の変事、そして八幡の焼失、日本国中の神社の中心ともいうべき三社に凶事があるのはふしぎである。

同じく天和二年の七月には彗星《ほうきぼし》があらわれた。一昨年申《さる》の年にでた彗星よりは光がうすく尾もみじかい。江戸童《わらべ》どもはこんなふうにいっている。国のまつりごとが素直であれば天も順である。国のまつりごとが悪ければ天も逆である。ゆえに天に変異がみえるときは、まつりごとを改め民の愁を救い、世が安穏になる政治をなすべきである。一昨年、彗星がで、大風が吹き、黄色い蝶が数十万も群り飛んだ、また江戸城の天井裏に人の足跡があった。明らかに凶である。去年は山王権現の石の鳥居が倒れた。この春には三社の凶事があった。それでも政治に慈悲もなく、万民の困窮を救うこともない。将軍の代替りもない。今年の彗星はできそこないというべきだと噂している。

天和三年の正月には、江戸城の門松《かどまつ》が倒れた。これも凶事である。五月には日光山で二日つづけて大地震。この地震で宝塔の笠石が落ち、七つにくだけ、石燈籠はみな地中へめりこみ、石垣は残らずくずれた。しかし、御橋より外は何事もない。やはり凶事というべきである。六月には、江戸本町で夜、数百人が手拍子でおどりを踊るという噂が流れた。その歌は「伊勢はおぼろに駿河は曇る、花のお江戸は闇となる、日光の事にてがつてんか、おほさがつてん」とうたう。二ツ目通り、三ツ目通りのあたりと聞くが、その歌声は聞く人の所によって違うということだ。これは虚説であろう。しかし、ある人がいっている。虚といっても実である、天は口をもたないので人々にこうした噂をいわせ、為政者に警告を発っしているのであると。おどりは将軍家にとって不吉の例である。近くは厳有院様《げんゆういん》（家綱）ご他界に先だち、巳年《み》（延宝五年（一六七七））より俄《にわか》おどりが流行《はや》り、江戸中の貴賤老若・武士工商まで踊ったのは記憶に新しいことである。天正七年（一五七九）、岡崎にいた徳川信康（家康の長男。信長に対する謀叛の疑いで切腹させられた）自害の時にも、三河国でおどりが流行《はや》ったという例がある。

同天和三年六月には山王の祭礼の時、将軍上覧所の下で行列の榊《さかき》に鳩が二羽とまって食い合って二羽とも死んで地に落ちた。凶事である。九月には、品川・芝の海面を黄色い蝶が夥《おびただ》しく飛びまわった。また、明け方東方に珍しい雲が立った。牧野備後守領の関宿《せきやど》で桜木に蛤《はまぐり》みが生《な》ったそうだ。また、阿波の鳴門の沖にあるはずのない城郭《じょうかく》がみえるそうだ。十一月には、江戸の町々にしゅろ帚木《ほうき》が捨ててあった。これも凶事というべきであろう。

流言は庶民の世直り願望

このように不吉な出来事の流言（これを凶兆流言といっておこう）がつぎつぎとあらわれたのが、綱吉の時代だった。山鹿素行の日記をみても、流言のかずかずが記録されている。右の『御当代記』にみられる流言のうち、彗星の出現、黄蝶の大群の飛行、江戸城の天井の人の足跡、日光大地震、町々に捨ててあった棕梠《しゅろ》帚木《ぼうき》の話、伊豆大島の大焼け震動など、山鹿素行の日記にもみえるのである。これらは江戸の住民誰しもが耳にし口にした流言だったことがわかるのである。

さきに凶兆流言の出現は世直り願望のあらわれにほかならないとしたが、戸田茂睡がおどりや歌の流行を凶兆とみ、延宝五年の流行を、とくに巳《み》の年のおどり流行として特記した点は特に注目される。この時代の庶民には巳《み》は弥勒《みろく》に通じていた。末法乱世を救うためにあらわれる菩薩が弥勒である。厳しい圧政、苦しい生活の庶民にあっては、巳《み》とミロクのミ、単なる語呂あわせであるが、巳年はそれでも救世主ミロク出現の年であることを望んだのである。巳の年にはおどりが流行しやすかった。ミロク待望のおどりである。世直り願望のおどりである。ついには、巳の年でなくてもおどりの流行は庶民の世直し願望の表出ということになろう。庶民のこうした心象にも通じていたのが戸田茂睡であった。だから凶兆流言の広がりとおどり流行を同じ性格の社会事象ととらえたのである。幕府の連中にも、このことは意識されていた（ミロク待望については、宮田登『ミロク信仰の研究』参照）。

元禄時代には、町中でのおどりの流行を禁ずる触が相ついでだされている。貞享二年（一六八五）、同四年、元禄二年（一六八九）、同三年、同七年、宝永四年（一七〇七）、同六年、いずれも、おどり禁令布告である（『御触書寛保集成』）。このようにおどり流行を危険視したのは、庶民の社会・政治状況への不満、世直り願望が、おどりに表現されていると、幕府もとらえていたからであろう。

流言的情報の流行、おどりの流行は、庶民的コミュニケーションの活性化といってよいだろう。こうした流行現象の波に、庶民的出版活動がむすびつくことを幕府は恐れていたのである。

流言情報への恐れ

綱吉の強権政治

将軍権力の貫徹に、異常なまでの執着を見せたのが綱吉政権であった。綱吉は将軍就任とともに、幕府人事を完全に入れかえてしまい、これまでの権力者で下馬将軍とあだ名されていた大老酒井忠清を罷免した。『徳川実紀』には、酒井忠清が病気がちなので、「折々出仕してゆるゆる養生せよ」と申渡したとあるが、当時の文献にはそんなふうにはでていない。『御当代記』には将軍綱吉と酒井忠清の息づまるような対決場面を描き、普通なら「病気の節なれば登城も不レ仕、心まゝに緩々と養生仕候へ」などというべき所を、冷たく追放同前に罷免したと書いている。そして忠清の下馬先の屋敷を奪い取って、お気に入りの老中堀田正俊（すぐに大老となる）に与えてしまったとも。

専制権力の有効な発揮には、有能な補佐役が必要だった。それが堀田正俊であった。前代からの老中のうち、かれだけが留任している。堀田正俊だけが忠清の有栖川宮《ありすがわのみや》を第五代将軍推戴案に反対し、綱吉を推したといわれている。綱吉と堀田正俊との連係によって前大老酒井の一党は、すべて幕閣から追われた。越後騒動について酒井忠清がだしていた裁きを完全にひっくり返した、江戸城大広間での綱吉じきじきの裁決は綱吉専制の具体的場面を、列座の全大名に見せつける一大演出だった。

それにしても、その後の大名・旗本処罰事件の多いこと驚くべきものがある。

天和元年（一六八一）十一月、上野沼田城主真田信利は三万石没収、出羽山形に配流となった。これは江戸の両国橋のかけかえに際して国元より材木切り出しを約束したにもかかわらず遅滞したという科である。ほかに、「日《ひ》頃《ごろ》身の行ない正しからず」領民を苦しめたという理由がついていた。

十二月には駿河田中藩主酒井忠能が改易となった。先にものべたように酒井の宗家が逼塞《ひっそく》を命ぜられたのに、自分は遠慮を願うこともしなかったという科である。

天和二年（一六八二）二月には、板倉内膳正重種の六万石のうち一万石を召上げて五万石として信州坂木転封、松平大和守直矩は一五万石のうち八万石取上げ、七万石として豊後日田に転封、松平上野介近栄も三万石を一万五〇〇〇石に減封、本多政利は六万石のうち五万石取上げ、本多利長は五万石のうち一万石取上げ。五月には厳有院（四代家綱）の三回忌の法事の時、公家衆馳走役を仰付けられた桑山美作守が乱気にかかり座が一時乱れた、その責任は親修理亮にありと、桑山家の所領一万五〇〇〇石取上げ、三〇〇俵の扶持米取りにおとされた。まさに処罰の連続、大名・旗本連中をふるえあがらせるに十分だった。

綱吉の代になって改易・減封に処せられた大名は四六家、没収された領地は一六一万石に達した。これは四代家綱時代の大名処分とくらべると、家数・石高それぞれ二倍である。また改易・減封をうけた旗本は一〇〇余家にのぼり、役儀罷免や閉門に処された直参はおびただしい数にのぼった（辻達也『享保改革の研究』）。

江戸町方では、処罰された大名、処罰の恐怖にかられた大名の中には反乱を起こす者がでてきはしまいか、諸大名は兵糧米《ひょうろうまい》を集めはじめている、そのため江戸に米がはいってこない、米がなくなるぞという流言がとぶありさまだった。当然、大目付や目付の活動も活発となる。老中や側衆のところに訪問客があると、すぐに目付がかぎつけて、客は誰かと聞きまわる。大名の屋敷の門前に馬や乗物があれば、何の寄合か、祝儀か、咄の寄合かと聞きただされるという具合だった。

権力貫徹の政策　初期綱吉政権は、幕府権力を人々が常に恐れるような政策をつぎつぎとうち出している。

(1) 諸国巡見使の早期派遣　諸国巡見使は三代家光がはじめた制度だが、派遣されたのは将軍就任後一〇年目、四代家綱の時は二〇年目だった。綱吉は就任して二年目に早くも派遣している。

(2) 大がかりな浪人調査と浪人親類書きの整備　処罰される大名が多く、ちまたには浪人があふれていた。かれらの徒党反乱の防止である。

(3) 店借人五人組の結成　これまで江戸では家主五人組だけだったが、店借人まで五人組をつくらせ江戸住民の身元確認と相互監視を厳重にしている。町方住民統制の強化である。

(4) 服忌令の発布　儒教的家族道徳の実践の具体化政策といってよかろう。

(5) 貞享暦の採用と天文方の設置、そして暦発行者の確定　公儀権力は天命に従って発揮されるという考えに立って、天体運行の観測と暦の作成、日々の吉凶の暦への書き入れは、天命をうける公儀の独占事業だとの意識が働いている政策。民間の予言、すなわちことぶれは厳に統制されねばならない。

(6) 切支丹転宗者の全国的調査・監視体制の強化

(7) 生類憐みの令の発布とその異常な徹底ぶり　とくに生類憐みの令が数十回もくり返し発令されたのはこの令が守られているかどうかが、綱吉の権力貫徹のバロメーターだったからである。

これらの政策に、綱吉の権力貫徹への固執（生類憐みの令に至ってはまさに狂的である）をみてとることができる。大名・旗本処罰の厳しさも、そうした点からでてきている。

天に口なし人をしていわしむる

同時に、綱吉は、天人合応思想の信奉者であった。荻生徂徠の編集になる『憲廟《けんびょう》実録《じつろく》』によると、綱吉は天地の災変をことのほか恐れたという。ちょっとした変異があっても、天の戒告とおののくのである。徂徠はこれを天命の前に身を慎む綱吉の美点だとして書いているが、綱吉は、天の戒告を恐れるのみで、庶民生活の安定のための具体的政策をうちだしたことなど一度もなかった。かえって、災害・変異にともなって出現する流言を「妖言《ようげん》」として恐れ禁圧しようとしている。

このころの江戸住民の言葉に、「天に口なし人をしていわしむる」というのがあった。戸田茂睡も、この言葉を使って流言を報じている。天は時の政治の欠陥を告発しようにも言葉を発することはできない。そこで庶民の口を借りて政治を批判するのだ、という意味である。庶民の凶兆流言、政治批判の噂は、天が人をしていわしむるものだ、というのである。

このことわざは、『平家物語』や『太平記』にも使われているが、江戸時代の庶民は、このことわざを庶民的主張のよりどころと積極的にとらえ、流言・噂の正当性を主張するために、この言葉を自覚的に使いはじめたのである。

時代はちょっと下るが、八代将軍吉宗に、山下幸内という浪人が意見書を提出した時（この意見書の写しも禁書となった）、幸内は「天に口なし人をしていわしむるものだ」として読んでほしいと、意見書の終りに書いている。ここでも自己の行為の正当性の根拠として、このことわざを使っている。

だから権力貫徹に固執する綱吉にとっては、天言たる流言・噂の流行ほど、恐いものはなかったのである。元禄期の出版弾圧や筆禍事件、さらには舌禍事件は、多く流言・噂の禁圧と深いかかわりで起こっているのは、そのためである。おどりの禁圧も同質の問題だった。

「無根の浮説」弾圧

流言流行にかかわりありと判定された者、異説・浮説を書本《かきほん》にしたり、出版したりした者への弾圧は、まことに過酷であった。つぎにいくつかの事例を紹介しておこう。

貞享四年（一六八七）六月、『えた寺の記』という書物を著わして世に出した者二名が、死罪に処せられた。「無根の浮説」を言い出したという罪である。この書本の著者は、交代寄合（三〇〇〇石以上の無役の旗本で、知行地に常住し、大名なみに参勤交代をする者）の溝口直武の家来だった（『常憲院殿御実紀』）。しかし、この『えた寺の記』という書物の所在も具体的内容も明らかでない。もっとも、この書物は、えた寺についての記述というからには、差別助長の書物であったろう。権力批判につながるほかの異説浮説の書物とは、性格を異にしている。ここでは、そのことをふまえた上で「無根の浮説」弾圧事例としてあげたのである。

元禄二年（一六八九）四月、一年のうち灸をすえたり針を打ったりしてはならない日を示した書付が出まわったのを、異説流行として、幕府は厳重な探索をおこなっている。幕府の触をみると、「当四月、灸致さざる日有之由、書物ニも無レ之儀、むさと申ふらし不届ニ候」（『正宝事録』）などと、江戸町方の住民のせいにしているが、名古屋藩の武士朝日重章の書き残した『鸚鵡籠中記《おおむろうちゆうき》』をみると、「江戸御城より出候書付とて、四月三日・九日・十日・十九日、針灸不レ仕日と云々。其外一年中針灸を忌日《いむひ》を多く書付、甚《はなはだ》流行す」とある。つまり、この流言は江戸城内から流れだしたのである。戸田茂睡の『御当代記』をみても、大目付が江戸城内流言の探索に当たり、多くの武士が取調べをうけている。江戸城内の迷信が町方に流れて大流行を引きおこしたのであった。そういえば、江戸城内に化物がでるそうだという噂が江戸中にひろがったのもそのころであった。

針灸致さざる日の書付は、結局、駿河国に住む田口《たぐち》是《ぜ》心《しん》なる者が持つ書付が原本らしいということになった。その書付は前からあったもので自作ではない、との弁明が通って、田口是心は処罰はまぬがれたが、今後、このような珍奇の異説を申しふらしてはならない旨の町触が出されている。

『百人男』筆禍事件

ついで元禄四年十月には、江戸の南大工町二丁目（いまの中央区八重洲五丁目あたり）に住んでいた町医師山口宗倫《そうりん》という者が死罪に処されている。『百人男』という「人の噂わけもなき義共を書物に仕立て」て、その上、つねづね行跡がよろしくないという理由である。宗倫の仲間であった、甲州徳川家の能役者三名、さらに絵師桑原和応なる人物も、日本橋より五里四方の外に追放されるという刑をうけている。山口宗倫の書いた『百人男』なる書物はどんな内容か具体的にはわからぬが、宮武外骨は当時の要路の役人や市井の人々を、小倉百人一首に擬して批評したもので、支配者の痛いところをつくものがあったのではないかといっている（『筆禍史』）。それにしても幕府の言論弾圧の仮借ない態度、それは裏をかえせば流言・噂への強い警戒の態度がうかがえる事件である。

なお宮武は、軽追放処分をうけた桑原和応なる絵師を、多賀《たが》朝湖《ちょうこ》すなわち英《はなぶさ》一蝶《いっちょう》の前名と推定している。一蝶はしばらくして赦免となったか、あるいは内密で江戸にもどり、多賀朝湖と称して絵をかき、また遊里で大名や旗本の幇間《ほうかん》（太鼓持）のようなことをし、遊蕩をそそのかした罪で、元禄十一年（一六九八）に伊豆三宅島に流されたというのである（九九頁参照）。

「馬のもの言」事件

元禄六年六月、江戸町奉行からつぎのような触がだされた。それは、このごろ馬がものを言う由を申触らす者がいる。先年も灸針のことを申触らし、またまた、このようなことを申す者がいることは不届きの至りである。何者が申出したのか、一町ごとに順々に話した者を調べよ。初めに申した者がいたら、どこの馬がものを言ったか書付にして提出せよ。また薬の処方を申触らした者もいるというが、何の医書にあるのか、これも一町ごとに調べよ。隠す者がいたら厳罰に処する。

という触である。これは『正宝事録』という、江戸町方に出された触書集にでているが、これにはさらに、この馬がものを言ったという流言の出所をさがして、江戸住民から一人ひとり調書をとった。その人数が三五万三五八八人にのぼったということだとしている。この人数には陰陽師《おんみょうじ》・算置《さんおき》・言触《ことぶれ》・山伏・願人《がんにん》・座頭《ざとう》・瞽女《ごぜ》・道心者《どうしんもの》ははいっていないとも注記している。草の根を分けても犯人をさがすとは、まさにこのことである。異常ともいうべき幕府の流言犯人の探索である。九月になって犯人がみつかり取調べをうけるが、その結果について、『正宝事録』は、この事件の犯人処刑の申渡書をそえた町方への触書を、つぎのように記載している。元禄七年三月十一日の触である。

浪人　筑紫園右衛門

此者の儀、去年夏中馬のものを申よし虚説申出し、其上はやり煩よけの札幷薬之法組を作り、実なき事を書付、流布いたし、重々不届に付而、江戸中引渡《(廻カ)》し斬罪に申付者也。

戌三月

右のように、虚説を申出した者を斬罪に仰付けたので、向後、このような虚説を申出すことのないよう町中の家持はいうまでもなく、借屋・店かり・地かり、下々の召仕《めしつかい》などまでもれることなく、町々の名主・月行事は随分と念を入れ触れ聞かせるようにせよ。

町名主たちは、これを町中の者に聞かせ、一人ひとりから、この触たしかに聞きましたという証文に印を取っている。しかし事件の顚末は、これではよくわからない。これについて関根正直が「徳川政府の出版法規」（国学院『法制論纂』）という論文の中で、つぎのように解説している。

元禄六年初夏の頃より、世上に馬が物言ひし由の妖言ありて、それに関係の者、重科に処せられし事ありき。そは某所の馬が語りけるとて、今年は、ソロリ、コロリと呼べる悪疫《あくえき》、流行すべしと流言し、これを防がんには、南天燭《ナンテンノミ》と梅干《ウメボシ》とを煎《せん》じて、服用すれば即効ありと、治病《ちびやう》の方を書ける一小冊をも、発兌せし者ありしが、愚民これを迷信し、競ひて南天燭と梅干とを購求《こうきう》せしかば、其の直価《あたひ》忽《たちまち》に踊貴《とうき》せりとかや。かかれば、同年六月十八日、町奉行能勢出雲守より、左の如き達書出でにき。（中略…達書は『正宝事録』と同文）

此の事の因由を尋ぬるに、鹿野武左衛門といふ落語家ありて、自作の冊子「鹿のまき筆」に、ある演劇に於いて、馬の後足《アトアシ》となりし俳優の、観客に対し、謝辞を演べたりといふ笑話を載せたるが、世上の談柄となり、いつしか「馬の物言ふ」といふ辞《コトバ》、喧伝したるに、折から神田須田町の

『鹿の巻筆』
「堺町馬の顔見世」の插図。甚五兵衛の馬があまりはねまわるので，馬上の市川団十郎（初代）も大弱り。「米かしきやくしう」は大喜び。

雑菜《ざふさい》商《あきなひ》惣右衛門、浪人筑紫園右衛門と密議して、前記の如き疾疫、盛行の由を流言し、剰へ治方を記せる小冊子を発行して、不義の利を得たりしなり、然るに事発露して、惣右衛門は流罪、園右衛門は市街引廻しの上、斬罪に処せられき、其の申渡され書は、左の如し。（中略…『正宝事録』と同文）

かくて、鹿野武左衛門は、右の妖言および詐偽一件に、毫《がう》も縁故あるにあらねど、畢竟《ひつきやう》するに、妖言の種となるべき、由《ヨシ》なし言を記述して版行し、それがため、人心を狂惑せしめし科によりて、同年（元禄七年）三月廿六日、伊豆大嶋へ流謫《るたく》せられ、冊子は例の絶版せられぬ。この事家《か》翁《をう》（関根只誠、この文の筆者関根正直の父）の抄録に、延元年間秘事を引きていへり。

『鹿の巻筆』の筆禍

犯人とされ斬罪に処された園右衛門は、浪人とはいいながら、実は幕臣の近藤登之助組与力筑紫新助の弟であった。一方、伊豆の大島に流された鹿野武左衛門は、当時、江戸で〝仕方ばなし〟という身振り入りの落語を語る者で、大変な人気ものであった。かれは貞享三年（一六八六）に『鹿の巻筆』という笑話集を刊行していた。

この『鹿の巻筆』には、三九の笑話をおさめているが、なかに「堺町馬《さかいちょううま》の顔見世《かおみせ》」という題の話が載っている。この話が「馬のもの言」の流言をあおったとされて、武左衛門は大島に流されたというのである。武左衛門は元禄十二年（一六九九）四月赦免になって江戸に帰ったが、六年の流人生活ですっかり身体をこわし、同年八月、五一歳で没したという。

「堺町馬の顔見世」とは、つぎのような話である。

堺町の市村座の芝居へ去る霜月《しもつき》（十一月）より出ている斎藤甚五兵衛という役者、まえは日本橋の米河岸《こめがし》にて、きざみ煙草売りをしていた者だ。大変話がうまく、器量もいい男だから、役者になったらと人もいい、自分もそう思って、座元の竹之丞太夫のもとへ伝《つて》を頼んで出ることになった。明日《あした》から顔見世に出るといって、米河岸のなじみの若衆《わかいしゅ》に、「芝居のではじめ、なにとぞ花《はな》（祝儀）を出してくだされ」と頼んだ。日ごろ甚五兵衛に目をかけていた若衆二、三〇人、相談してせいろう四〇、また長さ一間の台の上に赤い唐辛子をもりあげ、その上に三尺ほどのはり子の蛸《たこ》をのせ、「甚五兵衛どのへ」と貼紙《はりがみ》して、芝居小屋の前に積みあげた。いやその大ぎょうなこと。甚五兵衛は大喜びで、「さてさて、おそらくは伊藤庄太夫（このころの人気役者）とわたくし、花が一番なり、ぜひ皆さま見物においで下され」というので、米河岸の連中、大ぜいでかけた。しかし、はじめての役者であるから、一人前の役は当たらない。かれの役は切狂言《きりきょうげん》（最後の出し物）にでる馬の足だった。それも動きのある頭の方ではなく後足《あとあし》の役。この馬、舞台にでてくるなり、「この馬が甚五兵衛ですよーっ」とどなる。いつ甚五兵衛がでるかと待っていた見物の連中、これを聞いて、「あっ、あの馬が甚五兵衛だぞ、いよーっ馬様《うまさま》ッ、馬様ッ」と声をかける。もう小屋中「いよー馬様ァ」のほめ言葉でわれんばかり。後足の甚五兵衛、これではもそもそしているわけにもいかない。後足のくせに、大声で「いいんいいん」と嘶《いなな》きながら、舞台中を跳《は》ねまわった。たわいのない話だが、何やらこのころの江戸ッ子たちのあたたかさとユーモアのただよう話ではある。

町奉行は、この話の中で、甚五兵衛の馬がものを言ったというくだりをとりあげ、南天の実と梅干を煎じて呑めば疾疫にかからぬと、あるところの馬が語ったという流言に関係ありといいたて、『鹿の巻筆』を絶版に処し、作者鹿野武左衛門を大島に流したのである。

綱吉時代の政治のばかばかしさを示す事件であるが、それよりも、かくも庶民の流言を恐れる幕府のありようはまさに異常であり、江戸における言論統制、ひいてはコミュニケーション統制の厳しさを見せつけている。

非合法パンフレット出まわる？

林基氏は、なぜ幕府がこんなにも夢中になって流言の犯人をおいかけたかについて、斎藤隆三の『近世世相史』によって、この事件が単なる流言だけでなく非合法のパンフレットが市中にあらわれていたことに注目している（『享保と寛政』）。

斎藤隆三は、「馬のものいひ」という小冊子があらわれて、馬・狼・猪から鳶・烏・鳩・雀など、あらゆる鳥獣が集まって思い思いの気焔をあげ、人を卑しめる言葉をはく、鳥獣には将軍、大奥の女たち、幕閣の重臣たちなど時の権力者たちが擬せられていたとしている。しかしこの小冊子は現存するかどうか明らかでない。

これが事実とすれば、元禄四年に処罰された山口宗倫・桑原和応、そして元禄六年の筑紫園右衛門や鹿野武左衛門などは、これまでの資料から察せられるよりは、綱吉政権の専制的支配に対して批判的な活動をしていた人たちであったのかも知れない。またかれらの不敵な言動が、江戸住民に影響を与えることに強い警戒を幕府が示していたということになろう。そのことは、つぎに示す英一蝶・仏師民部・村田半兵衛らに対する弾圧事例でも窺いうることである。

元禄の絵師として個性的な活動をし、すぐれた作品を残した英一蝶は『百人女臈《じょろう》』を書いて流罪になったといわれたりしているが、実は、かれもまたこの「馬のもの言」事件に関連ありとされて処罰されたのである。

市民的文化活動の盛り上がり

英一蝶をめぐって

人気の画家英一蝶

江戸時代の随筆類を読んでいると、英一蝶のことを書いた文によく接する。たいていは罪をえて三宅島に流されたことにふれている。元禄の人気画家の遠島事件というだけでも関心をそそる話題であったろう。みな、その罪とは何であったのかを穿鑿している。なかでも幕末の浮世絵師渓斎英泉《けいさいえいせん》の『無名翁随筆』は、浮世絵画家評伝の集大成のようなものだが、一蝶について、「浮世絵師ト云ニモ有ラネドモ」とことわりつつもその人物像を明らかにするために、菱川師宣や喜多川歌麿など、どの浮世絵師よりも多くの紙筆を費やしている。浮世絵師英泉としては、一蝶を除いては江戸浮世絵の伝統はたどれない、しかも一蝶からうけつぐべきものが多いのだと考えたので、詳述したのであろう。近世後半には一蝶伝説とでもいうべき諸説ができるほど魅力ある人物だったのだ。

三宅島遠島の原因については、まさに諸説紛々である。元禄から宝暦ごろに在世した和泉屋某《なにがし》の世上珍事見聞録『江戸真砂六十帖《えどまさごろくじゆうじよう》』という写本には、「村田半兵衛牽頭《けんとう》之事」と題して、一蝶のことを含む一文が載っている。一蝶を書いたものとしては最も早いものである。牽頭とは太鼓持《たいこもち》のことで、幇間《ほうかん》ともいわれ、遊客の機嫌を取り酒席の興をもりあげる役の男のことである。

本石町三丁目（いまの日本橋本町四丁目あたり）の村田半兵衛、それに絵師和応、仏師民部、この三人は元禄のころの牽頭の最たる者であった。そのころ六角越前守とて、新知行一万石を給わり、屋敷を小川町にもっていた。この越前守は桂昌院様の甥の由で京都から下って俄大名となり、金銀は沢山であった。越前守、牽頭の三人をつれて吉原へ通う。大かたは浅草伝法院へはいり、裏道から田中をぬけて通った。ある時、田中で町人切殺しの事件があって、かたわらに縮緬の単羽織の片袖がちぎれて落ちていた。紋所が鶴の丸であったところから、大方は六角殿の仕業《しわざ》と知られた。これによって伝法院は吟味をうけ、遠慮して引籠った。六角殿も申しわけ立ちがたく、知行を召上げられ、ほかの大名へ遠く御預けになったのである。そのころ、本屋が『百人女﨟《ひやくにんじよろう》』という書物一冊を摺り出した。これは大名方の本妻の器量のよしあし、食物の好ききらい、いろいろのことをあからさまに書いたものである。上より御咎《おとが》めがあって、本屋は入牢《じゆろう》となり、作者は誰かとの詮議《せんぎ》があって、村田半兵衛、絵師の和応、仏師の民部であると本屋が訴えた。右の三人は召捕られ伊豆の大島へ流罪となった。一七、八年目に帰るのを許され、和応は英一蝶と名を替へて、しばらく暮したのである。半兵衛・民部はほどなく病死した。

右の『江戸真砂六十帖』の一文は、化政・幕末の幕臣、国学者・考証家として聞えた栗原信充《のぶみつ》の『柳庵随筆』にもそっくり引用され、一蝶の説明にあてられている。また栗原信充によれば『珍説反古文庫』という写本にも同文が載っているという。しかしこの文には、疑問も多い。一蝶ははたして絵師和応と称していたのか、事実は多賀朝湖ではなかったか。俳名を暁雲といったほかに和央（応）ともいったという説もあるけれど、うたがわしい。六角越前守は桂昌院（綱吉の母）の甥だというのは事実だが、一万石の大名ではなく一〇〇〇石取りの高家《こうけ》（江戸城内の儀式典礼をつかさどる）である。吉原裏道の田圃の中で町人を切殺したというのもどうだろうか、確かめるすべは今はないが、羽織の鶴の丸の紋とあるが、六角の紋は桐である（当時、鶴の紋は綱吉生母桂昌院ゆかりの紋で、一般に用いられるのは禁じられていた）。伝法院も一緒に吟味をうけたというが、これもどうか。『徳川実紀』によれば、元禄六年（一六九三）十二月、「伝法院宣存、紅葉山別当職に応ぜぬ挙動せりとて其職うばはれ、浅草寺の住職をとゞめらる」とあって、何らかの罪に問われたのは事実のようだが、これが六角越前守の放蕩と関係ありやという点は不明である。『御当代記』によれば、当時巷間の雑説に伝えられた伝法院処罰の原因は、松平日向守忠之（下総古河八万石）が吉原に遊んだ時、伝法院を中宿として同道したことにあるという。同時に杉岡検校も処罰されているが、これも吉原遊びのせいだとされている。『徳川実紀』によると、松平忠之は封地没収に処せられており、戸田茂睡の記録が真実に近いことを窺わせている。

六角越前守が処罰をうけたのは元禄九年七月である。やはり『徳川実紀』に、「高家六角越前守広治、ゆかりなき諸大名の方へ往来し、漏洩《ろうえい》せし言語聞えて、職うばゝれ逼塞《ひっそく》命ぜられ、采邑《さいゆう》七百石削らる。これは外戚の寵にほこるをもて、罪せらるゝ所なり」と見え、さらに元禄十年四月に致仕《ちし》・蟄《ちっ》居《きょ》を命ぜられている。しかしこれは伝法院処罰とはむすびつかない。

一蝶は禁書を出版したか

さらに『百人女﨟』という大名奥方の評判を書いた書物を出版して一蝶らは処罰されたというが、かつてそういう一蝶著作の書物が発見されたこともなく幕府の記録にも見えない。かくして『江戸真砂六十帖』の一文は浮説にしたがって書かれたものというべきであろう。

ただし桂昌院の甥に当たる六角越前守と英一蝶が親密な関係にあったことは事実であった。『徳川実紀』元禄七年三月の条に、新年のあいさつにやってきた東本願寺門跡に、桂昌院が六角越前守を使いとして多賀朝湖筆の吉野竜田図屛風と耕作図屛風二双を贈ったことがみえる。この時多賀朝湖筆の屛風をととのえたのは六角越前守であったであろう。同時にこの記事は、英一蝶がすでに絵師として一流の者と評価をうけていたことをも示している。

『江戸真砂六十帖』が写本として成立した時代の講釈師馬場文耕も、一蝶を『近世江都著聞集』（禁書の一つである）に書いている。文耕も一蝶処罰の原因を『百人女﨟』の絵本出版のせいだとし、その中に将軍綱吉とその愛妾お伝の方の舟遊びを題材として風刺をこめて描いた「浅妻舟《あさづまぶね》」が忌諱《きい》されたのだとしている。文耕の書いた一蝶伝はつぎのごとくである。

馬場文耕の一蝶伝

「多賀長湖《たがちょうこ》、百人女﨟を画きて御咎《おとがめ》にて遠流《おんる》、幷《ならび》に後年英一蝶となるの弁」

……天和・貞享・元禄のころ、狩野安信・永信の弟子に多賀長湖（実際は朝湖）という者がいた。画の道に執心あって、よく精心をこめ、上手の名をえた者である。しかし正風の絵にあってはいかに名人となっても家元の上には立ちがたいと、多年修業をつんで一流の姿を工夫、今いう一蝶流を創始した。英一蝶とはこの長湖のことである。元禄のころ、長湖は一度遠流に処されたことがある。このことの真実を調べてみるとつぎのようなことであった。

元禄の大君は、常憲院殿《じょうけんいん》（綱吉）、東照宮から五代の君。好色にふけらせられ、あまたの美女を寵愛された方である。花清き春の朝《あした》、阿房《あぼう》の秋の夕べと御たのしみあく事なく、さながら酒池肉林、吹上《ふきあげ》の御庭の遊びは、竜宮城か世界の月花を一つ所へ集めたる有様だったという。そのころおでんさまというお方は、大君の御寵愛第一の女﨟。君の御心によくかない、御枕席《ちんせき》をともにして、玉《たま》の台《うてな》に春秋を送っておられた。……

おでんの方は、小鼓《こつづみ》の上手で、日ごろ君のおそばで鼓の一手をお打ちになり、これにあわせて君がうたわせられる。またある時は、吹上御庭の泉水に舟をうかべ君自ら棹《さお》さし給えば、おでんの方は舟の中に座して綾羅《りょうら》の袂《たもと》をひるがえして小鼓をとられる。その美しいお姿は西施《せいし》もはじらい、楊貴妃《ようきひ》の吹く笛もかずならぬ気色に思われるのであった。……この御遊びたびたびであったから貴賤とも誰知らぬ人とてなしといわれた。こうしたことが評判のとき多賀長湖描いた『百人女﨟』という絵本が世に広まったのである。その中に、おでんの方の船中に鼓打つ姿絵《すがたえ》、大君の棹《さお》さす有様まで美しく描いたのである。このことを誰が訴えたものか、長湖はたちまち召捕られて牢舎へ、ついには遠島に処された。しかしこうしたことでの御咎めは、表向きどうかと思われたのであろう。長湖は当時御制禁の殺生を好み、小鳥を取り魚を釣った科《とが》でこうなったとの書付が町方に渡されたのである。

さて長湖は、配所《はいしょ》へ絵具持参を願いでたところ免《ゆる》された。かくて配所の月ながめんと八十島《やそしま》かけて漕《こぎ》いずるごとく眼前の景色すべて絵となり、ますます画工の妙をうることとなった。名を改め、名字を英《はなぶさ》と付けたのは、英、千人に勝るるの心であろう。われは千人に勝れたる者ぞとの自讃で英を氏としたのである。これより英一蝶と世に名が広まった。配所で一子をもうけたが、俗に今、島一蝶《しまいっちょう》とこれをもてはやしている。のち家宣公の代に赦免になった。されば『百人女﨟』の内に、おでんの方舟中の体《てい》、すばらしい出来ばえから御咎めにあったこと、不幸ではあるがその芸の至極によって刑せられたのであるから、むしろ本意にそうこととしてさして憂える気色もなかったという。一蝶、かの『百人女﨟』は、自分でもいみじく出来たものと思ったが、この絵

浅妻舟の図

を描くことは遠慮せざるをえず、ことごとくその絵を書き改めたという。今十軒の家に、七－八軒は持ち伝えている英一蝶の「浅妻舟《あさづまぶね》」という絵がある。門弟たちも多く「浅妻舟」を描いている。……その浅妻舟の図は、かのおでんの方の鼓打ち給う形をやつして、小舟に女の舞装束《まいしょうぞく》、ひとり鼓を打っている体の絵である。この絵に讃がある。

あだしあだ波　よせては帰るなみ
浅妻船の浅からぬ　あゝまたの夜は
たれに契《ちぎり》をかはして色を　枕はづかし
我床《とこ》の山《やま》　よしそれとても世の中

この一蝶の『百人女臈』の絵などをもととして、京都の西川祐信《にしかわすけのぶ》という浮世絵師、好色本枕絵《まくらえ》の達人といわれた者だが、ある年『百人女臈品定《しなさだめ》』という、大内《おおうち》の隠し事を描き、その後『夫婦契《めおとちぎ》りが岡《おか》』という枕絵を板本にしてだした。これは雲の上人《うえびと》の姿をつがい絵（性交の図）にかき、やんごとなきかたがたの枕席《ちんせき》、密通の体をあらわして、清涼殿《せいりょうでん》の妻隠《つまかく》れ、梨《なし》壺《つぼ》のかくし妻、萩の戸《と》ぼそのわかれ路、夜御殿《よるのおとど》の妻むかえなど、いろいろと玉だれの中の隠しごとを描いたものである。祐信、これによって厳しい御咎めをうけ絶版に処されたという。この後、好色本が禁ぜられ売買停止とされたので、今はひそかに売られる有様となったのである。この西川祐信も、一蝶の跡をまねてこのようなことになったというべきであろう。

『百人女郎品定』

西川祐信著。「享保八年卯正月吉日　京ふや町通せいぐハんじ下ル町八文字屋八左衛門板」との刊記がある。年次は明確ではないが，まもなく絶版処分をうけた。内裏の女性，武家の奥方から遊女・夜鷹に至るまで，さまざまな女性の生活ぶりを描いている。上下生活のへだたり，身分差別を否応なしに見せつけている絵本である。

文耕は，西川祐信の作品を『百人女臈品定』と書いているが，『百人女郎品定』が正しい書名である。なお，文耕が絶版になったという祐信の『夫婦契りが岡』という枕絵本は，現在残っているか不明である。

文耕の一文は、その著書がすべて禁書になり、死罪になっただけあって迫力あるものだが内容にはやはり疑問がある。文耕が、一蝶処罰の原因としている『百人女﨟』という板本は一蝶にはないのである。

謀略にかかった一蝶

では何が原因で一蝶は処罰されたのであるか。それをしめす基本資料として『三宅島流人帳控』がある。私はこれを池田信道氏『三宅島流刑史』に収録されているものでみた。これによると元禄十一年（一六九八）十二月十五日流人船で、九人の囚人が三宅島に着いた。その中の一人に多賀朝湖（のち英一蝶）がいた。『三宅島流人控帳』には、つぎのように記載されている。

本国生国共に山城国京都
多賀朝湖　年四十六歳（法華宗）
此《この》朝湖　宝永六年十一月御赦免
御《お》科《とが》　馬之物云候事御吟味に付

三宅島の正式の記録には、英一蝶は「馬のもの言」事件の関係だというのである。一蝶は一一年もの間、三宅島にとじ込められた。赦免になった宝永六年（一七〇九）は綱吉病死、新将軍家宣（六代）の就任の年。将軍宣下による恩赦にあずかることができたのである。

それにしても「馬のもの言」事件は、元禄六年のこと、それがなぜ五年後の元禄十一年の一蝶処罰の原因になるのであろうか。まことに不可解なことである。

この問題に、解答を与えてくれるのが、三田村鳶魚の『「朝妻船」に描ける五の丸殿』という一文である。これをみると、驚くべきくわしさで、一蝶遠島の顚末がのべられ、南町奉行で「馬のもの言」の噂を流したのが一蝶らだときめつけられたことも書かれている。南町奉行にとらえられたのが本石《ほんごく》町《ちょう》四丁目茂左衛門店仏師民部、本銀町《もとしろがねちょう》三丁目次郎右衛門店村田半兵衛、呉服町一丁目新道勘右衛門店多賀朝湖の三人で、元禄六年八月のこと。南町奉行の北条安房守は三人を、けしからぬ風説を流したのはその方どもに相違ないとし、一向に覚えがないと申立てる三人を牢に入れてしまった。それっきり二カ月も取調べもない。三人は病気養生という理由をつけて、出牢のお慈悲願いを出す。それが許されて帰宅した。三人はどうせちゃんと取調べがあれば無実がはれるにきまっていると、高をくくっている。しかし、いつまでたっても町奉行からは何の音沙汰もない。そうしているうちに病気養生の一時の出牢の身ということも忘れてしまう。「ある日、民部は木挽町《こびきちょう》の山村座へ見物にゆき、長湖・半兵衛は吉原へ出かけた帰り道で、不意に三人は検挙された。格別の御慈悲をもって病気養生のため出牢仰付けられたのに、遊所へ立越したのは、上を軽んじた不届きの所行というので、三人は遠島になった。彼らが御船手逸見八左衛門へ交付されたのは、元禄十一年十二月二日である。収監された最初から算《かぞ》えれば、足掛け六年目なのだ。十分油断させて陥れたのだが、北条安房守も随分惨酷なことをしたものではないか。」と、鳶魚は書いている。しかし鳶魚は『三宅島流人控帳』は見てはいない。

もしみていたら流人船は、その年の十二月十五日に三宅島に着いたと記したはずだか、それは記していない。しかし『流人控帳』に記載されている「馬之物云候事御吟味に付」一蝶は科をうけたのだという理由書きと、元禄六年から元禄十一年までの年月のずれの謎は、三田村鳶魚の一文によって氷解するのである。

かくもくわしく辻褄のあう記述を鳶魚はいかなる文献によってなしえたのであろうか。鳶魚の悪いくせで史実考証の出典をあげていない。それから出典さがしに一苦労するのはいつもの通りなのであるが、その経過は省略しよう。かれのタネ本は『竜渓小説《りゅうけいしょうせつ》』という一蝶とともに流罪の非運をなめた仏師民部の懺悔録であった。

鳶魚のタネ本

また、この『竜渓小説』をもとにして山東京山（京伝の弟）がまとめた「一蝶流謫考《るたくこう》」が『続燕石十種』におさめられていた。

京山は、『竜渓小説』を、友人で庭番の支配下にあった高橋与太夫から借りて読んだという。この書物は「民部が旧悪の始終、および一蝶と罪を同じうして流罪に処せられし事どもを記して、甚だ詳《つまびらか》」なるものである。京山は『竜渓小説』をまとめたのは、享保の代官として知られる小宮山杢之進昌世（号竜渓）だとしている。ともあれ以下に紹介しておこう。

仏師民部は、鎌倉仏師二二代目である。仏像彫刻の名人として世に聞えていた。しかし、元来は放蕩者で遊芸にも得意であったので貴人に交わり権家《けんか》の贔屓《ひいき》もあった。ある年、日光御普請のことに掛り、このことについて同じ掛り合いの者を謀計をもって殺害したが、いろいろといいのがれて自分は下手人にならずに江戸払いで事すみ、本庄（本所）の松平伊勢守殿の長屋に、遊扇《ゆうせん》と改名して、三年かくれ住んだ。その後、石町《こくちょう》に住むことになった。

『百人男』筆禍の真相

さてその後、蝶古（朝湖＝一蝶のこと）が『百人男』という書物を書いた。

内容は、たとえば「〽昔ながらの山桜哉　伊勢十兵衛薩州留主居也」ということきものである（伊勢十兵衛を知る当時の人には、破顔一笑の組合せであったのであろう）。公儀役人・大名衆・歌舞伎役者・吉原遊女など、当世によく知られた人々を、このように百人一首の歌によそえて諷したものである。作者は蝶古と遊扇だったが、隠れて清書する所がない。そのころ、絵師の和翁《わおう》というものの、遊扇の裏にいて住居《すまい》も奇麗だったので、両人は和翁宅を借りて清書しようとした。ところがこの和翁、筆跡が自慢で自分で清書をひきうけ、さらに一冊写して自分のものとした。この三人が「百人男」を持ってまわって、誰の作かわからぬがいや面白い書物だ、と人にも見せて楽しんだ。文才のある蝶古の作だから、読んだ者はみな腹をかかえ風刺をたのしむ。あっちでもこっちでも写させてくれと、大変な流行。貴人の悪口もあるから蝶古も遊扇も自分が作ったものとは誰にもいわない。しかし結局、老中の目にもとまり町奉行に吟味命令が下った。町奉行にまず召捕られたのが、かの絵師和翁。「確かに清書は私がいたしましたが、作者は、蝶古・遊扇の両人です」と白状したので奉行所において、蝶古、遊扇こと民部と和翁の対決となった。両人は口をそろえて、「全く覚えはありません、私ども手職の者は、そんなことをしている暇はありません」と、言葉巧みにいいのがれる。奉行が、右の三人の留守宅へ同心をつかわして家捜しさせると、蝶古・民部の宅には何もなく、和翁の宅には『百人男』の下書きなどがあったので、罪は和翁一人にきまった。和翁、縄付きで白洲《しらす》を立つ時、両人をにらみつけ、「罪を私一人にぬりつくる大悪人め」と、大声でののしったが、「事はすんだ早々引立てよ」、とて牢屋へ入れられ、和翁だけが死罪になってしまった。

民部と蝶古、この『竜渓小説』の中では、相当な悪《わる》である。民部の懺悔録だというのであるがどこまで事実かはよくわからぬ。先に、元禄四年の筆禍事件として『百人男』をのべた件《くだり》(八一頁参照)には、宮武外骨の推理を紹介し、江戸を追放された桑原和応なる人物は、一蝶の前身らしいとしたが、この『竜渓小説』ではまったくの別人ということになる。また、幕府の記録では『百人男』の作者とされて死刑になったのは和翁ではなく山口宗倫という町医師であった。宗倫のことは『竜渓小説』にはまったくみえない。この点を如何に解釈するか、いまとなってはわからぬが、いずれにせよ、桑原和応も山口宗倫も、実は『百人男』の作者でもないのに、民部・一蝶のでたらめ供述の犠牲になった人かも知れぬ。

吉原の浮世遊び

民部・一蝶の友人が、村田半兵衛である。鳶魚の考証によれば、村田半兵衛は医師の子、俳諧は宝井其角《きかく》、画は一蝶に学んだ者。非常な美男で『松の葉』とか『若緑』とか、元禄・宝永の流行の雑曲を集めたものの中に、かれを唄ったものがいくつか載せてある。吉原通で大名相手の太鼓持であったという。

この三人は、遊び好きの大名のお供で、いつも吉原通い。井伊伯耆守直武（遠州掛川の城主三万五〇〇〇石）が家督相続の時、御納戸つまり藩の金庫には三万両あった。これに目をつけたかれらは、殿様をそそのかして吉原へ誘う。民部はいつも殿様から一〇〇両ずつあずかって面白く太鼓持をする。一〇〇両といえば、今の金銭感覚では一〇〇〇万円にもなろう。それが一回の遊び金である。これではかれらはこたえられない。いい調子で殿様と遊んでいたが、やがて井伊家の重役の耳にはいって、出入りを留められた。

こんどは本庄安芸守資俊（常陸笠間四万石）の太鼓持。本庄安芸守は綱吉の母桂昌院の弟本庄宗資の子である。本庄安芸守は、叔母桂昌院の女中の一人に目をつけてこれを妾としたが、それを民部に与えて妻とさせたという。民部にとっては気心の知れた殿様。民部・一蝶・半兵衛ら一緒になって安芸守をそそのかして遊びにゆく。ついには殿様に吉原茗荷屋の大蔵という遊女を身請けさせる。またかれらは高家六角越前守広治にも菱屋の木幡を落籍させている。この六角氏は桂昌院の姉の娘を妻としている者だった。こうした三人の、大名・旗本をそそのかす太鼓持ぶりは、桂昌院・幕閣まで聞こえていく。ついに町奉行は、三人を「馬のもの言」に関係ありということにして入牢させてしまったのである。しかしそれ以上処罰する罪はみつからない。二カ月だけ牢にいれて出獄させ、謹慎させておいたが、六年目に三人がこらえきれず、芝居や遊廓にでかけた所を、不謹慎のかどで召捕って、三人

布晒舞図

英一蝶の代表作品の一つ。藤牛麻呂画と署名している。白布を操って踊る美少女のあでやかな動きを見事にとらえている。（遠山記念館所蔵）

を遠島に処したのである。

以上、『竜渓小説』によって事の真相をみるに、英一蝶処罰の原因となったといわれる『百人女﨟』という板本は、やはりなかった、ということになろう。もっとも馬場文耕のいう西川祐信の『百人女﨟品定』という絵板本は、『百人女郎品定』という書名で実在している。享保八年京都で出版され、たしかに絶版処分をうけている。なお一蝶の描いたといわれる「朝妻舟」の絵も、ほうぼうに残っているようだが、一般的な絵柄で、将軍とお伝の方を諷したものとは見られない。しかし当時の人が、勝手にあれは将軍風刺の絵だと評判したことはあったのであろう。

京山のまとめた一蝶略伝

山東京山は『一蝶流謫考』に、一蝶の略伝をつぎのようにまとめている（ただし、この略伝は京山の兄、京伝が『近世奇跡考』で書いていることに拠ったものである）。

英一蝶は、承応元年（一六五二）、摂州（『流人控帳』には山城京都）に生まる。姓は藤原、多賀氏。父は医師伯庵《はくあん》。一五歳の時、父に随って江戸に来て、狩野安信を師として絵を学び、名を信香《のぶか》、一に安雄《やすお》といった。幼名は猪三郎《いさぶろう》、後治左衛門、あるいは助之進という。また、朝湖《ちょうこ》の名を称した。別に翠蓑翁《すいさんおう》、牛丸《うしまる》、暁雲《ぎょううん》(俳号)、旧草堂《きゅうそうどう》、一蜂閑人《いっぽうかんじん》、隣松庵《りんしょうあん》、隣濤庵《りんとうあん》、北窓翁《ほくそうおう》の諸号がある。一蝶は、画幅の印文に、薜国球之印、君受、北窓中隠などの印章を用いているものがある。これらは調べてみると、帰島後の画幅である。おもうに、件《くだん》の印は、一蝶が注文して刻させた印ではないであろう。いずれも唐人の篆法・刀法の印である。唐人の印を買い求めて、印面の文字には頓着なく、おのれが款記に用いたものであろう。北窓の号も、たまたまこの印を得て自らの号としたものであろう。一蝶の性格がまことに濶達《かったつ》で物に拘わらない事、これらからも察せられる。

一蝶は、書を佐々木玄竜《げんりょう》(号文仙、当代通人の一人)に学び、後一家の風をなす。俳諧は其角の門人である(ただし、京伝は「俳諧を芭蕉に学び其角・嵐雪と交りふかし」としている)。俳号は暁雲、あるいは和央《わおう》(この和央という俳号は疑問である)といった。仏師民部・村田半兵衛らを花街の友とした。音声よく、唱歌をも得意とし、葉歌《はうた》の作が多い。元禄十一年十二月、罪ありて謫《たく》(島流し)せらる。江戸呉服町一丁目新道に住んでいた時である。時に四七歳、伊豆国三宅島の謫居《たっきょ》一二年、宝永六年九月、大赦に遇って帰郷した。そのころは、深川霊巌寺のうしろ(俗に海辺新田《うみべしんでん》)の宜雲《ぎうん》寺《じ》に寄食したという。一蝶の絵がこの寺に残っている。故に俗に一蝶寺といっている。

英一蝶とは島から帰った後の名である。一説に、母の氏が花房といったので英とし、英にあわせて一蝶としたという。世に残る英一蝶の落款の絵は、宝永六年以後の物である。享保九年正月十三日没した。享年七三、二本榎日蓮宗承教寺塔頭顕乗院に墓がある。法名は英受院一蝶日意。辞世は、まぎらかす浮世の業の色どりもありとや月のうす墨の空。

一蝶の島に在る間、母は彫物師横谷《よこや》宗珉《そうみん》の家（日本橋檜物町）に養われた。正徳四年三月晦日没。

一蝶には葉歌の作が多い。元禄の刊本『松の葉』という三弦曲譜に載っている、「しののめ」（一名かやつり草）、「朝妻舟」などは一蝶の作である。朝湖が歌こそ、また哀れなるものが多いといわれている。その文章もかれの学力の豊かなること歴然としている。かれの句、「花に来てあはせ羽織の盛かな」は嵐雪撰の『其帒《そのふくろ》』（元禄三年刊）と其角の俳諧日記『花つみ』（同年刊）に暁雲の名で載っている。「朝寐して桜にとまれ四日の雛」（『其帒』）などもあり、そのほか自画讃の句は枚挙にいとまがない。

なお京山は、兄京伝の『近世奇跡考』によって、この一蝶略伝を書きながら、京伝があげていたつぎのごとき、一蝶が自らの絵の讃として書いた文にはふれていない。

一蝶、自らを語る

享保五年（一七二〇）、一蝶六九歳の一文である。

往事夢に似たり。さめたるまた、うつゝにあらず。或日、螺舎《らしゃ》其角と共に、深川なる芭蕉庵に遊ぶ。夕に帰る途中の吟。

たがかけ（箍懸）のたがたがかけて帰るらん

螺子《らし》（其角のこと）此句にはづんで、

　　身をうすのめとおもひきる世に
熒星《けいせい》うつりかはり、芭蕉もやぶれ、螺舎もくだけたるに、我のみ残る深川の、今日おもへば、は
　からざる世や。

芭蕉・其角・一蝶の関係を語ってくれる。しみじみとした俳文である。一蝶のごとき、有為転変の人生を歩んだ者にして、万感こめえた一文であろう。

京山は、「四季絵辞《しきのえことば》」という一蝶自作の文を加えてくれている。その中で、一蝶は若き日の恥多き生活を回想している。

……近頃、越前の産岩佐何某となむいふ者、歌舞、白拍子《しらびやうし》の時勢粧《じせいしやう》をおのづからうつし得て、世人うき世又兵衛とあだ名す。久しく世に翫《もてあそ》ぶに、亦《また》房州の菱川師宣と云者、江府に出て梓《あづさ》におこし、こぞつて風流の目を喜ばしむ。此道《このみち》、予が学ぶ所にあらずといへども、若かりし時、あだしあだ波のよるべにまよひ、時雨朝帰《しぐれのあさがへ》りのまばゆきをいとはざる頃ほひ、岩佐・菱川が上にたゝん事をおもひつゝ、よしなき名の根ざしのこりて、はづかしの森のしげきことぐさともなれり。さる中に、事に当りて、謫居《たっきょ》にさそらへし事、十とせにあまり廿とせに近きを、ありがたき御恵のめでたき、もとの都に帰り参りぬ……。

右の二つの一蝶の晩年の文章、自己のすぎし方を見つめ、心のこもった文である。私は、ここまで一蝶のことを追跡してきて、はじめて一蝶の実像が見えてきたような気がした。大名たちや紀文（紀

国屋文左衛門）のような豪商の幇間的存在だったんだと片づけられては、一蝶はかわいそうである。

一蝶は、岩佐又兵衛や菱川師宣の創造活動を正当に理解しうる人であった。

一蝶の「実と悲しび」

また狩野派のゆきづまりを知る人であった。俳諧では、正風を理解し、其角・服部嵐雪・小川破笠《はりつ》らと心を通じあえる豊かな心情の持主であった。かれらに絵の手ほどきもしている。とくに其角の伊達好み、豪放闊達さ、しかももののあわれを知る心と通じあっていた。

森川許六は『俳諧問答』において、「師（芭蕉）の風、閑寂を好んで細し、晋子（其角）が風、伊達を好んで細し、この細き所、師の流なり」といい、また「晋子《しんし》其角が器《うつは》きわめてよし。人のとりはやす事も、生得《せうとく》、活景《くわつけい》をおもてに上手をあらはせしゆえに、諸人の耳目を驚かす」といっている。ここで許六のいっている「細し」「細き」とは、蕉門において定型化された作句の理念「細み」につながる言葉である。もちろん芭蕉の「歌の実《まこと》ありて、しかも悲しびをそふる……其細き一筋をたどりうしなふ事なかれ」（『柴門ノ辞』）との教えをうけたものである。其角は、伊達を好み、活景をおもてに上手にあらわす、元禄風の都会的人間であり、都市生活の華やかさを句に入れながらも「実《まこと》と悲しび」を詠みこむ作風だと許六は評しているのである。伊達と細みをかねそなえた其角の人間像は、そのまま友人の一蝶にも通ずるのではあるまいか。其角と同様、伊達を好み、活景をおもてに上手にあらわす一蝶が人生の「実と悲しび」を知っていたからこそ、権家の太鼓持といわれようと、大名の幇間といわれようと、師家狩野家に反逆する個性的な絵画を描き、葉歌の名作を残しえたのであろう。さらに一一年の流謫《るたく》にも耐えたのみか、かえって作画技量をあげえたのではあるまいか。一蝶は綱吉政権の厳しい専制にもめげず、伊達を捨てなかった。元禄江戸ッ子の代表と目されてしかるべきであろう。仏師民部も同様な個性の持主であった。かれもまた、流謫の中で腕をみがき、帰郷の後、幕府の御用を勤めたという。かれらとともに遊興の生活を送って処罰された大名たちが、すべてを失ってしまったのとは対象的な、市民的力能の持主たちだった。かれらこそ、鍛えあげられた江戸の伊達者というべきであろう。

一蝶精神の継承

後の江戸文人たちの一蝶への関心はなみなみならぬものがある。大田南畝しかり、平秩東作しかり、山東京伝・京山兄弟しかりである。平秩東作は『莘野《しんや》茗談《めいだん》』の中で、こういっている。

謳曲《おうきょく》（ここでは浄瑠璃のこと）の作者多けれども、近松氏に過ぎたる者なし……。読本は西鶴上手なり……。河東節の作は、乾什《けんじゅう》（俳人吉原天満屋主人）の作多、いづれも絶唱なり……。其頃は吉原などへ入こみて、放蕩の名をとりたるものに、よき学者多かりし……。かようのことも気運にあづかるとみへたり、まづ俳諧師に、桃青（芭蕉）、其角、画工に一蝶、蔓蔦《つるつた》屋の蘭洲などは、風流の士といひてよし……。儒に白石、徂徠、仏者に鳳潭、書家に広沢、雪山などの出られし、（元禄より）享保の頃は、諸道の中興ともいふべし。

江戸における元禄・享保期の文化展開の基本形を、しっかりおさえた一文である。

元禄以来の江戸文化の伝統を見つめて文化活動を展開した東作の認識力もすばらしいが、その東作に西鶴・近松・桃青（芭蕉）・其角、さらに白石・徂徠と並べて一蝶が評価されているのは、うれしいことであった。権力の規制をうけ四苦八苦しつつも、一蝶の伊達の精神を評価し、それを継承しようとしたのが、江戸時代後期の江戸文人たちだった。

其角と近松門左衛門

厳しい江戸の言論統制

元禄のころの言葉に「浮世師《うきよし》」というのがあった。遊びの心得やスタイルの流行をリードする自由闊達《かったつ》な連中をいう言葉である。そういえば、闊達・寛濶《かんかつ》という言葉もこの時代によく使われた。浮世師たちの自由な活動を表現する言葉である。其角や一蝶・民部らは、闊達な行動力と創造力をもった浮世師だった。あの横暴な綱吉政権に対し、かれらこそ江戸住民の憤懣を代弁して筆禍を恐れない創造活動を展開したにちがいない、とのちの江戸ッ子らは考えた。そこから一蝶の『百人女臈』筆禍事件、「朝妻舟」は綱吉・お伝の方を諷した絵だとする伝説が成立したのである。実際は、かれらをとりまく江戸の言論統制は厳しく、元禄四年の『百人男』筆禍事件以後、幕府批判の書を刊行するなど思いもよらなかったのである。

しかし、こうした江戸浮世師たちを視野の中にいれ、かれらのはたしえなかった表出活動をもひきうけて、創造力を発揮した人物が京坂にはいたことに注目しなければならないと思う。
その人物こそ井原西鶴であり、近松門左衛門である。

江戸の其角と大坂の西鶴は、互いに理解しえていた仲だった。

貞享元年（一六八四）、其角が関西に遊んだおり、たのまれて大坂住吉神社における西鶴の矢数俳諧《やかずはいかい》の後見をつとめている。西鶴があの不滅の記録、一昼夜独吟二万三五〇〇句をやってのけたのは、この時である。其角は、西鶴の苦吟の修羅場に立会い、

驥《き》の歩《あゆ》み二万句の蠅《はえ》あふぎけり

の句を残している（『五元集』）。

すでに西鶴は、この二年前に『好色一代男』を刊行し、この年の春には『諸艶大鑑』を出していた。寛永以来の文芸・書物出版の流れを変えるほどの衝撃を読書界・出版界に与えていた。そして、いままた二万三五〇〇句の独吟行をおこなった西鶴。こうした西鶴の力量、あるいはその転合《てんごう》ぶりを理解できるのが其角であった。

近松の手紙　其角は近松とも理解しあえる間柄だったと思う。近松から其角に送った手紙の文が伝えられている。残念なことに、偽物だと疑われている手紙ではあるが。

私はこの手紙を『赤穂義人纂書』で読み、軽い衝撃をうけたことがある。つぎのような手紙である。

此程《このほど》の一件も二月四日（元禄十六年）に片付候由《かたつきそうらうよし》、当地（大坂カ）にても噂とりぐ、うへなき忠臣との評判、いづくも其事斗《そのことばかり》に候。仰越《あふせこし》には堺町《さかひちやう》勘三《かんざ》座《ざ》（江戸堺町の中村座）にても曾《そ》我夜討《がのようち》に取組《とりくみ》、十郎少長《じふらうせうちやう》（当時の名優中村七三郎の俳名）、五郎に伝吉（宮崎伝吉）との事、当時の遠慮も可ㇾ有ㇾ之と被ㇾ存《ぞんぜられ》候所、花やかなる御しらせ、此方にても愚案《ぐあん》に仕立可ㇾ申《したてまうすべし》と存候間、尚亦委《なほまたくは》しく御沙汰御きかせ可ㇾ被ㇾ下候。不具。

（元禄十六年二月）如月二十五日　近松門左衛門

東都

其角様

どうやらこの手紙は、其角から手紙をもらった近松が、返事として書いたものらしい。「此程の一件」が二月四日に片づいたとあるのは、江戸本所の吉良義央邸に討入った赤穂浪士四六人が、元禄十六年二月四日に切腹を命ぜられ、事件が一段落したことをいっている。堺町勘三座で、早速、この事件を曾我物語の世界に移して上演したとのこと、幕府に遠慮して、事件を歌舞伎に仕組むなど、とんでもないことだと思っていたら、敢然と上演したという。まことに華やかなお知らせです。自分も浄瑠璃に仕立てたいと思う。この事件に関するさまざまな情報を、なおくわしくお聞かせ願いたいといっている。

私は、この手紙のなかの「花やかなる御しらせ」という箇所に、とくに心をひかれた。遠慮しなければならないのに、あえて芝居に組んだという知らせを、近松は「花やかなる御しらせ」と受けとったというのである。そして自分も、こうした取締りを恐れぬ「花やかな」作劇活動をしたいといっている。近松のこの言葉は、近松の、あの「芝居事で朽ち果つべき覚悟」をふまえて、はじめて出てくる言葉だと感じられる。

こうみてくると、この手紙を偽物と片づけてしまうのは、いかにも惜しい。本物だといっていいのではあるまいか。

赤穂浪士劇の禁止

これにのべてあるように元禄十六年二月に、江戸堺町の中村勘三郎座で、「曾我夜討」なる芝居はおこなわれていたであろうか。こういうことを調べるのに便利なのが、伊原敏郎の『歌舞伎年表』である。元禄十六年の二月の項をみる。しかしこの年正月・二月中村座は何を上演したか記録がない。ところが元禄十五年の条に当たってみると『歌舞伎年表』は、つぎのように記している。

二月十六日より、中村座、「曙曾我夜《あけぼのそがのよ》討《うち》」。赤穂義士一件を曾我に仕組み、十郎（七三郎）・五郎（伝吉）・工藤（嶋川十左衛門）。三日にして差止めらる。

其角より浪華《なにわ》の某《なにがし》へ送りし書に「此程の一件も二月四日に片附いて、其噂とり〳〵花やかなる説も多くして無上忠臣と取沙汰。此節其事ばかりにして境町勘三郎座で、十六日曾我夜討に致して十郎に少長、五郎に伝吉いたし候へども、当時の事遠慮の有べきよしとて、三日にて相止候」。

この史料は、明らかに元禄十六年の二月の条に入れるべきものである。伊原敏郎は、これを「いろは評林」という本から取ったといっているが、原史料が、この手紙を十五年のものとしており、伊原敏郎も、それにしたがってしまったのであろう。

この其角の浪華の某あての手紙、とあるその某とは近松門左衛門であり、先に紹介した近松の手紙は、この其角の手紙に対する返事ではなかろうかと考えられる。

すでに伊原敏郎は馬琴の随筆『異聞雑稿』によって、近松の手紙なるものを見ており、其角の手紙と関連するものであろうことは察している。しかしかれもこの二通の手紙のうち、其角・近松の手紙のうちいずれか偽物であろう、または両者とも偽物か、と疑っている。

もし両方とも本物とすれば、其角が近松へ、赤穂浪士切腹の件とそれに伴う噂、中村座の曾我物仕立ての浪士劇上演とその禁圧を報じ、近松が其角の文をとり入れつつ返事を認《したた》めたということになろう。

いずれにしても元禄十六年のころは、時の権力から規制を受ける不安をもちながらも赤穂浪士一件の劇化を、華やかなる作劇活動として受けとる雰囲気が強くあったことは否めないのではあるまいか。

元禄十六年二月『徳川実紀』によれば、つぎのような禁令が出された。

前々にも命じているように、最近の異事について、謡曲や小歌につくり、またそれを出版物にして売ることは、堅く停禁とする。堺町や木挽町の劇場でも、最近の異事に取材して上演してはならない。

この禁令にいう「最近の異事」とは、赤穂浪士討入り（元禄十五年十二月十四日）と切腹の事件（元禄十六年二月四日）をいっているのである。この事件を歌に作り、出版物に仕立て、劇に仕組んではならないというのである。

禁令無視の近松

其角と近松の手紙のやりとりは真偽不明にしても、伊原敏郎が誤って元禄十五年の条に入れた、中村座の赤穂義士一件を仕組んだ『曙曾我夜討』は、元禄十六年二月十六日初日の出しものとしては事実であろう。そしてそれは三日にして差止めをくったのである。その時、町奉行から出されたのが、最近の異事についての出版・上演の禁止令であった。以後、江戸では寛延二年（一七四八）の『仮名手本忠臣蔵』の森田座上演（この芝居は浄瑠璃として前年、寛延元年、大坂竹本座で初演された）まで赤穂浪士劇は、ほとんど上演ができなかった。

江戸の厳しい出版・上演統制とくらべると、上方は比較的ゆるやかであった。あるいは統制をはねとばすほどの出版界・演劇界の盛り上がりがあったというべきであろうか。すでに近松は元禄十六年正月、京都早雲万太夫座に提供した脚本、『傾城三つの車』に討入りの場を仕組んでいる。それから四年目の宝永三年（一七〇六）に、近松は大坂竹本座で『碁盤太平記』を上演、はじめて大星由良之介《おおぼしゆらのすけ》の名で大石内蔵介を、その子力弥の名で大石主税を登場させ、復讐計画・討入り・切腹の顚末を劇化した。ただし世界を『太平記』に、江戸を鎌倉に移しての上演であった。まさに幕府の禁令を無視し

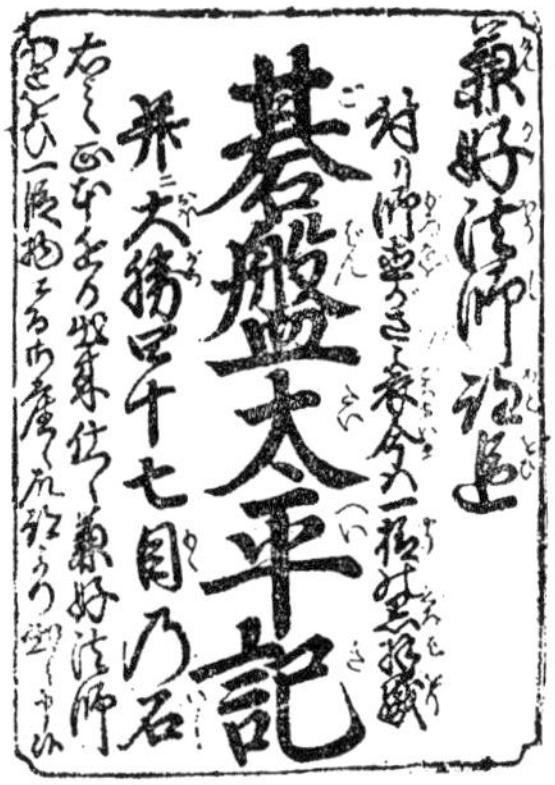

『碁盤太平記』の近刊広告
最後に「右之正本近日出来仕候。兼好法師あとをひ一段物ニ而御座候故，跡より出し申候」とある。

た、「花やかなる」上演活動というべきである。それからは、近松の作ではないが、宝永五年に京都の亀屋粂之丞座で『福引閏正月』、宝永七年に大坂の篠塚庄松座で『鬼鹿毛武蔵鐙《おにかげむさしあぶみ》』、京都の夷屋座で『太平記さゞれ石』など、つぎつぎと赤穂浪士仇討劇が上演さしている。こうした、京坂における浪士劇の盛行を切り開いたのが近松だったのである。現実に取材し、人生の「実と悲しび」を作品に表出した近松は、豊かな批判精神の持主であった。かれの幕政観察と批判は相当なものである。

劇中で綱吉・吉保を殺す

正徳四年（一七一四）、竹本座で上演された近松作の浄瑠璃『相模入道千疋犬《さがみにゅうどうせんびきいぬ》』では、厳しい筆禍に逢っても当時としてはやむを得ないほどの思いきった幕政批判が展開されている。

この作品の世界は『太平記』である。鎌倉幕府滅亡劇の形をとっている。鎌倉幕府の執権北条氏の最後の得宗《とくそう》相模入道（北条高時）は、佞臣《ねいしん》五大院宗重父子を重用して奢《おご》りと横暴を極めていた。高時は明らかに将軍綱吉である。五大院宗重は、護持院隆光と柳沢吉保をまぜあわせた人物。

北条の厨《くりや》には美味の肉を蓄え、一方、民は飢え切っている。まるで獣に人を食わせるようなひどい政治。こうした主君に、民はどうして従いえようか。「天道を恐れず人望にもそむきしかば、下《しも》万民の恨み、上一人の逆鱗《げきりん》（天子の怒りのこと）やすからず」の状態。ついに後醍醐天皇は、相模入道打倒の兵を挙げる。それでも相模入道は、「闘犬をもてあそび、大小名に相ふれ色々の犬をあつめ、月に六日の犬合せは、餌には魚鳥の味をとゝのへ、金銀珠玉のくびたま綾錦《あやにしき》を着たる犬、鎌倉中にあぶれてもたゝくべからず、追ふべからずと、旅人は下馬し、農民は鋤鍬すてゝ人も皆犬つくばひと」なる有様。おびただしい犬の餌はみな民の運上。新田義貞の弟脇屋義助、高時の臣安東聖秀《じょうしゅう》の部下となって北条の動静を探索している。この義助は、安東の娘絵合姫《えあわせひめ》と相愛の仲。そのうち義助は「金柱《きんばしら》の四《し》方輿《はうごし》、真紅のふさ付五色のふとん、狐まだらの犬をのせ、おかち足軽いかつ声、こりや〳〵お犬のお通り、乗物すべて下馬いたせ」という犬奉行の横暴にがまんならず、犬を斬り殺す。その罪で義助は犬牢に投ぜられる。絵合姫は、義助を救おうとして失敗。姫の目の前で義助は犬責めの刑にあうが、名犬白石《しらいし》の働きで、姫と共に脱出する。義貞・義助兄弟は力をあわせて相模入道を亡ぼす。

文中に、「諂《へつらひ》でたつ当世、犬を礼拝して成共、立身するこそ利発者《りはつもの》」とか、「もとを忘れ天理にそむき、一天の帝をくるしめ奉り、民をなやまし、おごりを極め、畜類を愛し人の命をかろんじたる、其《その》恨《うらみ》いくばくぞや」など、綱吉批判の文言がつぎつぎとでてくる。

ついに北条滅亡の日がくる。官軍に攻められて五大院宗重（＝柳沢吉保）は、命だけは助かりたいと、びくびくふるえ、「おこり病《やまひ》の様にわなゝき声」をだして「ハア、悲しや、くはばら〳〵世直し〳〵」といいながら逃げまどう。ついに主君相模入道（=徳川綱吉）の首打って、自分だけは助けたまえと新田兄弟に頼む。この時、神変《じんぺん》の名犬「白石《しらいし》一もんじに吠へかゝり、五大院の右衛門（宗重）が首骨ひつくはへ、くるり〳〵くる〳〵〳〵と振り廻し」、かみ殺してしまう。これでようやく世は平和となり「農民は作り取、商人はうり買もやす〳〵豊にあきらかに、道ある君は万々歳、国民徳にぞなびける」と結ばれている。

近松が日ごろ使っていた硯《すずり》は、のちに近松半二に伝えられたが、その硯の蓋《ふた》に、漆で「事取二凡近《ぼんきん》一而義発二勧懲一」と書いてあったという。凡近とは現実の浮世の出来事。題材は凡近に取り、理念は勧善懲悪に求めるというわけである。『相模入道千匹犬』では、懲せらるべき悪は、綱吉と柳沢だったわけである。すでにお気づきであろう、神変の名犬白石《しらいし》とは、新井白石であることを。近松は綱吉政治を改革した新井白石に正義の政治を期待したのであった。

劇化された吉宗

近松はまた、享保六年（一七二一）の作『心中宵庚申』に八代将軍吉宗の言動についての町方の噂や批評を、そのまま書きこんでいる。「武士は弓馬《きうば》に怠らず日《ひ》ませ〳〵のお鷹狩り、上一人《かみいちにん》の励みより犬も油断はならざりし」。吉宗が鷹狩を好んだことは有名。「只《ただ》今《いま》の殿様先代と違ひ、何かに付けて軽いお身持、壁に馬乗りかけし今日のお成《なり》、主人はお供我々が当惑掃除等もそこ〳〵」。吉宗の行動は万事手軽であった。町中や郊外をすたすた歩きまわる。「壁に馬乗りかけし」とは、だしぬけに事をおこなう意味。「馬ひけつ」の一言で、もう江戸城をでてしまっている。お供の者はまったく油断がならない。

この芝居の初めにでてくる殿様のお側役の坂部郷左衛門のつぎのような言葉も、吉宗の姿をうつしている。

> 当御代の御風儀……、料理は勿論、衣類諸道具すべて無益の費《つひえ》お嫌《きら》ひ。上方でも風聞はないか。去年十月高師山《たかしやま》のお狩場、身が相役《あひやく》佐野《さの》文太左《ぶんたざ》、始めての御供《おんとも》に縮緬《ちりめん》の羽織着《き》めされたを、殿がじろ〳〵と御覧なされ、縮緬は風にしぶき面倒《めんだう》な（縮緬のような絹の羽織は風にはためいて不自由だ）、重《かさ》ねておけろ（二度と着るな）これをくれると御意なされ、お手づから下された召替《めしがへ》の木綿羽織。さしもの文太左はつと赤面。その後此の事を工夫すれば（この出来事をよく考えてみると）、お供に参る文太左、縮緬の羽織着めされうやうがおりない（着用されるはずがない）。かねて文太左にお示合《おしめしあは》せ、諸家中の見る前木綿羽織を下されしは、美麗御停止《びれいごちやうじ》とはなく（ぜいたく禁止令を出さずとも）、おのづから奢《おごり》を止《や》むる一家中への御異見。それを察《さつ》せぬ御家中の二番生達《にばんばえ》（二男坊で部屋住みの連中――無責任で遊び好きの連中）の態《ざま》を見よ。木挽町、堺町の役者から釣《つり》を取《と》る衣紋附《えもんつき》（役者顔まけの派手な身なり）。己が身の分際も知らず、一概《いちがい》に殿がお吝《しは》い〳〵と勿体《もつたい》ない陰言《かげごと》。

こうした近松の現実取材の態度をみると、浮世のありさまについてだけでなく、幕政動向への関心もなみならぬものがあったことが察せられよう。こうした現実関心の底には批判や憤懣もひそんでいるのであり、『相模入道千匹犬』でもみられるように、時として作品に強烈に噴出してくるのである。

近松もついに筆禍

享保八年（一七二三）、近松が指導・添削のもとに竹田出雲掾《いずものじょう》・松田和吉が書いた『大塔宮曦鎧《おおとうのみやあさひのよろい》』は、ついに筆禍をこうむるに至った。『月堂見聞集』に、つぎのような記事がでている。

享保八年六月十一日触　　町代

一、町々にて大塔宮曦鎧、智略の万歳と申す絵図を用いることは無用にせよとの命令がだされた。

このことを町内一人一人に申し聞かせよ。已上。

右の絵図に刷られている文言はつぎのようなことである。

徳若に御万歳と、御代も栄えましまさず、是は興がる有様や。土岐立帰《ときたちかへ》るなあした迄《まで》密々話、気質を探り尋ねんと、思ふは目出度うさふらひける。昔の京は難波《なんば》の京、中頃は奈良の京。今の京と申すは、万邪《よろずよこしま》であの御天子をはゞからず、我まゝはたらく平《たひら》の京（平安京のことだが、北条氏＝平氏の支配をうけていることをも言っているか）。京の仕置《しおき》は関東まかせ、宮方《みやがた》ひづめ公家衆倒し、百姓虐《せた》げ、町人いぢり、民は又ぎつちり〳〵。誠に無念にさふらひけると、問ひかくる。

この文は鎌倉幕府とその京都の出先機関六波羅探題への批判をのべたものであるが、明らかに朝廷を圧迫し、百姓・町人をいじめている徳川幕府へのあからさまな反感をこめて書かれている。この文は近松ら作の『大塔宮曦鎧』の原文の一節をぬいたものである。

近松・竹田・松田の三人で創作したこの浄瑠璃は、この年享保八年二月十七日から大坂竹本座で興行された。七月には京の八重桐座の歌舞伎劇としても上演されている。この八重桐座上演の直前に、発禁に処された右の絵図がでまわっていたのである。

芝居そのものは、『太平記』に取材したものであるから、批判文言の箇所は、北条政権批判としてのべられているので、徳川幕府としても文句のつけようがないが、その箇所をぬき出せば、とたんにあからさまな徳川批判になってしまう。そのことを近松らも承知で書いており、京坂の何者かが一枚摺りの『大塔宮曦鎧智略の万歳』という芝居絵を出し、この文言の部分を刷りこんで売出したものだったのであろう。

こうして、近松の赤穂浪士劇の上演といい、犬公方綱吉批判の芝居といい、また吉宗政治の脚本への組みこみといい、こんどの『太平記』の世界の中での徳川幕府批判といい、近松劇のもっている市民的批判・抵抗の代弁機能は、相当に強烈なものだったといえよう。

際物流行

浮世咄の心中物

綱吉政権の時代、江戸住民の間に、政治批判の流言、世直り願望の流言が流れ、幕府はこれを抑えるべく、やっきになった。このことは、すでに見た通りである。経済的発展の中心たる上方でも、江戸以上に庶民的コミュニケーションが発展していた。元禄時代は、世間の噂事、いうなれば浮世咄《うきよばなし》の流行の時代であり、上方の出版文化にも反映していた。西鶴からはじまる浮世草子の流行は、浮世咄の小説化にほかならない。

浮世咄に登場する、いかにも元禄時代らしい話題は、男女の色事であり、心中事件であった。心中事件は、人生の「実と悲しび」が凝縮している事件であり、当時の庶民もそう感じていたのである。元禄期の経済活動の活性化、都市の発達は庶民の社会的行動力を高め、恋愛・性愛を人生の価値とする意識も高まりつつあった。そうした人間性にもとづく衝動は、封建的倫理、町人社会の秩序づけの倫理との葛藤を生じさせ、男女の心中の悲劇が相ついで起こった。

心中事件の噂は、歌にうたわれ、説教浄瑠璃に語られ、庶民の心をゆさぶった。心中事件の連鎖的な発生現象すらあらわれた。

天和三年（一六八三）五月に、大坂で大和屋市之丞という遊女と、ごぜの長右衛門の心中事件がおきた。たちまち大坂の三つの芝居小屋でこの事件が脚色され上演された。これが、「心中と心中芸との始め」だと、伊原敏郎は『歌舞伎年表』でのべている。

元禄八年（一六九五）十二月、大坂の岩井半四郎座は、『茜《あかね》の色揚《いろあげ》』という芝居を上演した。これはこの月七日に起きた三勝半七《さんかつはんしち》という男女の心中事件を、すぐに芝居に仕組んだものだった。この芝居はかつてない評判をかちえた。翌元禄九年（一六九六）の春いっぱい、一五〇日間も当たり続けたのである。

この評判の三勝半七物語の芝居見物を逢引の場に使った男と人妻が、まもなく心中した咄を、西沢一風が『新色五巻書《しんしきごかんしょ》』という浮世草子に書いている。

人形浄瑠璃における心中物の画期的芝居が近松門左衛門の『曾《そ》根崎心中《ねざきしんじゅう》』であった。竹本座で元禄十六年五月七日の上演開始。大当たりとなって、これまで赤字つづきで経営難をかこっていた竹本座は、一挙にもちなおしたといわれる。

この浄瑠璃に登場するお初・徳兵衛の心中事件が、大坂曾根崎村天神の森で起きたのが四月七日、それから一カ月後には上演されている。

世話物流行

こうした浮世の事実に取材した芝居を際物《きわもの》といっている。際物流行の時代となったのである。歌舞伎にせよ浄瑠璃にせよ、これまでは時代劇だったのに、現代劇つまり世話物流行の時代となったのである。

この年、元禄十六年、大坂の万屋《よろずや》彦太郎という本屋が『京大坂堺　心中がのこ名宿付』という刷り物を出している。心中の噂のタネをもりこんだものだった。これには、

内蔵の剣　久太郎町三丁目丸屋娘お梅　年十七
　　　　　男ハ内の手代五兵衛　年廿七
松本芝居のうしろ　新町通筋一丁目播磨屋局すみの江　年廿七
　　　　　　　　　男ハ内本町上三丁大和屋九兵衛　廿八
曽称崎の松　新地新茶屋町天満やお山はつ　年廿一
　　　　　　男ハ内本町橋詰平のや手代徳兵衛　廿五
天王寺元尼寺　堀江茶や山衆きよ　廿一歳
　　　　　　　男ハ侍杢兵衛　年卅一歳

という形で一八件の心中事件を連らねている。そして最後に、

此外珍敷《このほかめずらしき》心中出来次《できし》第跡《だいあと》より書加え追々出し申候。方々所々に名のなき心中数多《あまた》有レ之候得共爰《ここ》ニ略ス。

などと刷りこんである（『摂陽奇観』）。

このような刷り物が、ほかにもいろいろとでていたにちがいない。

そして同じ元禄十六年に『風流夢浮橋《ふうりゆうゆめのうきはし》』、ついで宝永元年（一七〇四）に『心中大鑑』など、心中ものの浮世草子も相ついで刊行された。

哀しき女敵討

『堀河波鼓』

愛情と浮世の義理の葛藤から心中に追いこまれていく男女の物語も哀しいが、武士社会におきた女敵討《めがたきうち》の物語も哀れである。自分の妻と姦通した男を、女敵として討たねばならなかったのが、武士の習いだった。

宝永三年六月、京都堀河通りで、小鼓打の宮井伝右衛門という者が討たれた。討ったのは、鳥取池田家（三二万五〇〇〇石）の家来大倉彦八という者であった。

大倉彦八は、殿の料理を担当する台所役人であった。宝永二年六月、参勤交代の殿のお供で江戸詰《えどづめ》となった。その留守中、妻たねが、息子の小鼓の師匠で、京都からきた宮井伝右衛門と情をかわしたのである。彦八は、一年の江戸詰を無事に終え、宝永三年の五月に故郷に帰ってみると、妻の密通の風聞。その上、彦八の妹くら、妻たねの妹ふうもそれを知っていた。彦八、妻を問いつめると白状に及んだので、これを刺殺し、京に登って女敵を討ったのである。彦八は、敵伝右衛門の顔を知らないので、息子文七、妹くら、たねの妹ふうの三人を連れていた。

この事件は、『月堂見聞集』や『鸚鵡籠中記』などに記され、なかでも後者の、宝永三年六月二十九日の条に、「今月初比京堀川辺ニて女ノ敵打アリ遠近甚伝之」として、事件内容をのべている。「遠近」は「おちこち」と読む。あっちこっちで、その噂でもちきりだったのである。この事件を宝永三年八月に浮世草子に仕立てて刊行した、森本東烏《もりもととうう》の『京縫鎖帷子《みやこぬいくさりかたびら》』にも「宝永三の六月七日に、或女敵の敵を討し事（義妹くら・実妹ふうが宮井伝右衛門を姉たねの敵として討ったというように理解されていた）、都鄙挙て甚沙汰まち〳〵なり」とある。

九月には、錦文流《にしきぶんりゅう》が浮世草子『熊谷女編笠《くまがえおんなあみがさ》』を刊行した。これもまた、堀河の女敵討を描いたものだった。文流も、この女敵討について「嗚呼《あゝ》希有《けう》なるかなと世挙《こぞ》つてこれを感ず」とし、世の噂を正し、「正説」をのべようと際物作品をものにしたのである。

こうした作品で読書界がわき立っている中で、宝永四年二月十五日から、竹本座で近松作『堀河波《ほりかわなみ》鼓《のつづみ》』が上演された。右の女敵討の劇化である。主人が江戸詰の留守宅で、ふとしたことから起きた妻の過ちから、たちまち悲劇の事件へと展開していく近松姦通劇のはじまりである。

女敵討の近松作品といえば、享保二年（一七一七）八月に上演された、『鑓《やり》の権《ごん》三《ざ》重帷子《かさねかたびら》』も、すぐに想起されよう。堀河通りの女敵討と同じように、天下の噂となり、『月堂見聞集』や『鸚鵡籠中記』に、その実説が伝えられている。

『鑓の権三重帷子』

場所は大坂高麗橋、討たれる者、討つ者ともに雲州松平出羽守家中。女敵は近習中小姓池田文次二四歳、女は同藩の茶役正井宗味妻とよ三六歳。討ったのが、とよの実夫宗味四八歳と『月堂見聞集』にある。

文次ととよは、この年六月八日に国元を欠落《かけおち》して大坂へ忍んでいた。夫宗味は江戸参勤の主君について江戸にいたが、これを聞いて大坂に下り、七月十三日に大坂町奉行所へ敵討の届けをした。文次・とよの大坂潜行を察知していたのが、とよの弟小村弥市郎。弥市郎が宗味を手引きしたのである。弥市郎は文次の旅宿を尋ね出し、夫の宗味がすでにねらっている、急ぎ京都へでも隠れてはどうかと、両人をおびきだす。両人がこれを実と心得て、高麗橋まで来たところを、宗味が待ちうけて討ったのである。

文次が着ていたのは、染紋《そめもん》のついた越後縮《えちごちぢみ》の帷子《かたびら》に紫《むらさき》縮緬《ちりめん》の帯、疵《きず》は大小一二カ所あったという。とよの衣類は、絹縮《きぬちぢみ》帷子、墨絵《すみえ》萩《はぎ》の模様。上帯が墨じゅすで下帯は白縮緬とある。この二人の着ていた帷子、つまり夏の単物《ひとえもの》の着物がのちにのべる近松の作品の題名にとられている。とよの疵は一カ所、けさ切りにされていた。討った宗味も、足に一カ所疵を負った。これは、文次にとどめを刺そうとしたとき、下から切られた疵という。

このように『月堂見聞集』は書いている。この事件も、たちまち脚色され、京・大坂の五つの歌舞伎芝居でこれを上演した。まさに際物上演時代である。浮世草子でも『女敵高麗茶碗《めがたきこうらいちやわん》』『乱脛三本鑓《みだれはぎさんぼんやり》』『雲州松江《うんしゅうまつえ》の鱸《すずき》』の三作品があい次いで刊行された。

近松はこれを、事件後三五日にして竹本座で上演した。それが、男は権三、女はおさいの名で登場する『鑓の権三重帷子』である。

姦通劇で時勢批判

先の京堀河通りの女敵討も、今回の事件も江戸参勤で夫の留守中に、妻の姦通事件はおきている。近松は、どちらも夫を熱愛している妻が、酒好き、あるいは嫉妬深さという性格から罪を犯し、あるいは犯したと誤解されて非業《ひごう》の最期をとげるというように描いている。『堀河波鼓』では、夫は妻の過ちを信じなかったが、のっぴきならぬ証拠を見せつけられ、短刀で自ら胸をついた妻にとどめをさす。そして、尼にしてでも生かしておきたかった、と嘆き悲しむのである。『鑓の権三重帷子』の方では、夫が、妻の親たちと、首尾よく本望《ほんもう》を逐げんと交わす門出の杯に、「本望、その本望とは、子供の母、我が妻を斬ることを、身の悦びになすことは、いかなる運《うん》、いかなる時、いかなる悪世の契りぞと」、涙に咽《むせ》ぶのである。ふとしたことから過ちを犯して、討たれる身へと追いこまれていく妻。武士の習いとはいえ、夫の本心は妻を切りたくなどなかったのだ。近松は、「いかなる時」といって、明らかに、非人間的女敵討を強制する時勢、武士の習いに批判の目をむけているのである。またアジール（避難所）としての尼寺の存在をも観客へ示し、こうした救いの道もあるではないかと呼びかけているのである。

淀屋辰五郎哀話

町人の成功ばなしや没落事件も浮世咄の中心話題だった。それらは町人にとって、実践的教訓であった。

西鶴の『日本永代蔵』は商売の参考となる話に満ちていた。この作品の中で、「大商人の手本なるべし」と讃えられた三井八郎右衛門は、また、経済情報の克明な分析を経営基礎においていた。その情報分析の成果の一つが著名な『町人考見録』である。

三井総本家の三代目八郎右衛門高房が子孫訓戒のために書いたものである。元禄の豪商の中には、遊興に惑溺して家業職分を忘れ、家を没落させてしまった事例も多かったのである。いずれも三井高房によって経営失敗の事例研究の対象とされて書き留められている。この『町人考見録』には、徳川家や大名のことも各所にでてきて、出版はとうていなしえない秘書であった。しかしひそかに町人社会で写され読まれていた。宝永元年（一七〇四）、二年に、上方で噂のタネとなった、あの有名な淀屋辰五郎闕所事件も『町人考見録』にでてくる。

大坂の町人淀屋古庵《こあん》（ただしくは个庵《こあん》）という者、代々大坂に住んで家名の高いものである。その居所の前の橋を世間では淀屋橋というほどだ。数十カ所の家屋敷を持ち、まさに有徳なる者であった。この古庵が没した後、子の辰五郎が、幼年にして家督を継いだが、成長するに及んで、京・大坂の風儀か、はや悪心《わるごころ》をもってしまい、遊興の巷にはまり、夜となく昼となく遊楽の生活。先代古庵から仕えていた手代の半七という者、折々異見を加え諫めたのだが、なかなか耳をかさない。それのみか半七がいたのでは、家の金銀も心のままにならぬ、何とか半七を追い出そうとした。そのころ大坂の町奉行松野河内守殿に心易《こころやす》く出入りしている浪人者とかたらって、賄賂として松野殿へ差出すのだといって、家の重宝金銀を持ち出し、半七を追い出すたくらみ。「天に口なし人をして云わしむ」という通り、噂はひろがり、町奉行の耳にもはいって、世の見せしめのため、辰五郎は家財闕所（没収）に処され、浪人らも仕置にかけられた。かくして代々栄えた淀屋も滅亡したのである。もっとも辰五郎、多くの家財を失ったといっても、古庵の代に名義を替えて山城の八幡に、田地を持っていたので、のち八幡に住んで百姓侍（郷士身分）と成った。あわれむべきは半七、比干《ひかん》・子胥《ししょ》のごとく忠言むなしく、主にふさわしからざる人には仕えるべからずとの古語、そのままとなってしまった。辰五郎、その身の奢《おご》りから忠臣の諫めも聞きいれず、「毒をくわば皿まで」とやらいうがごとくになってしまったのである。

この淀屋辰五郎の闕所一件がおきたのは、宝永二年のことであるが、大坂町奉行所の裁判にかかったのは、前年の八月からであった。世間は、この事件でもちきりであった。早くも宝永二年の春には、京都の亀屋座と万太夫座で、歌舞伎狂言に仕組まれ上演された。

そして宝永二年五月に判決がでたのだが、すぐさま錦文流《にしきぶんりゅう》という西鶴門の俳諧師が『棠大門屋敷《からしなだいもんやしき》』という浮世草子に仕立てて出版している。

素生はわからぬが福富言粋という人も『長者機嫌袋《ちょうじゃきげんぶくろ》』と題して浮世草子にしている。宝永三年には、江島其磧《えじまきせき》が『風流曲三味線《ふうりゅうきょくじゃみせん》』にこれを書き、近松門左衛門も『淀鯉出世滝徳《よどごいしゅっせのたきのぼり》』という世話浄瑠璃に仕組んだのが宝永六年であった。正徳三年（一七一三）に出版された北条団水『日本新永代蔵』にも書かれている。

このほか、事実に取材した脚本・小説の類を、一つ一つ挙げていけば、もう切りがないであろう。宝永・正徳、さらに享保のはじめごろの京坂の出版界・演劇界は、時事的題材の作品の大流行期であった。

このようないわゆる際物をささえているのは、庶民の時事情報に関する関心の高さと、作者・出版業者の積極的な報道意欲、さらに批評精神であった。これらは近代的コミュニケーション現象につながる市民的報道の盛り上がりの現象といってもいいであろう。幕府がくり返し、世上の噂事・浮説を刊行してはならないと命じてはいたが、こうした統制をはねのけてしまう勢いで流行したのである。

書本秘書の流行

江戸市民の政治批判

江戸の言論統制は上方とくらべれば、ずっと厳しかった。このことは前にも紹介した通りである。しかし江戸でも、宝永六年（一七〇九）の綱吉の病没、六代家宣の登場、新井白石の政界進出と、政界の風向きが大きく変転する中で、落書・落首や政治批判の物語などが書本《かきほん》の形で流行を来たしていた。風刺され批判にさらされたのは、綱吉とその側近たちだった。

書本は出版物とちがって筆者を確かめにくい。法網をのがれやすい。いきおい政治批判もきわめて露骨であった。

それらのうち代表的な批判文献『うつつの寝言《ねごと》』『東叡山通夜物語《とうえいざんつやものがたり》』『日光邯鄲枕《にっこうかんたんのまくら》』を紹介してみよう。いずれも江戸の書本の禁書である。

新金山大銭寺の縁起

『うつつの寝言』

宝永五年も漸くくれ、竹のふし侘《わび》しき枕の夢に、うその川を渡り高慢《こうまん》の峯《みね》を越えれば、林木の中に寺ともつかぬ、おごれる建物がある。尋ねみんと行くに、この禁域《きんいき》の中から、僧にもあらず俗ともみえぬ老人がでてきた。是《これ》はいかなる所ぞと問えば、これこそ聞き及ばるると思うが、(1)新金山大銭寺《しんきんざんたいせんじ》好犬院《こうけんいん》と申す寺でござる。宗派は銭宗《せんしゅう》、本尊は(2)運上《うんじょう》菩薩で(3)武烈《ぶれつ》天皇の守り本尊である。この像、(4)成満院《せまんいん》手練《てれん》僧正《そうじょう》一心三礼《いっしんさんらい》の損像であったのを、追従山《ついしょうさん》僧上寺軽薄貞(5)誉僧正が再興して此の寺に安置された。開基の大旦那《おおだんな》は(6)松平美濃守・右京太夫・伊賀守・本多伯耆守・稲垣対馬守・荻原近江守などそのほか般々《はんぱん》の輩《やから》、算《かぞ》えるにいとま非ずである。

(1)金の品位を下げた元禄金を鋳造し、一枚で銭一〇文に当たる大銭を造って経済を混乱させた犬好きの綱吉を諷している。(2)税のこと。(3)記紀の系譜では二五代目の天皇。人を木に登らせて射落したり、溝につき突して刺殺すなど残虐を好んだ暴君。ここでは綱吉を諷している。(4)綱吉とその母桂昌院の寵をうけた護持院開山の僧、隆光を諷す。かれはまた、神田駿河台に成満院を創建した。損像は尊像のちゃかし。(5)増上寺の大僧上祐天を諷している。祐天の号が明蓮社顕誉。綱吉・桂昌院の帰依をうけた。(6)柳沢吉保。以下綱吉の信任をうけた寵臣たち。

さてまた、好犬院の成り立ちを問うならば、この寺の教戒《きょうかい》は、人間常住、(7)五百の貝類三千の生物《いきもの》を食せず、(8)色欲におぼれ貪《むさぼ》る事を第一としている。第二に、(9)臆病であること。木にひかえ縄をつけ、尻留《しりど》めをして安全を得、(10)船に乗る事を嫌う。諸人の難儀と迷惑をおもんばかってもいけない。大門の石碑を見たまえ、武勇・賢才・正直の人間は内へはいる事を許さず、とある。これで、この寺の教えを推量して欲しいものだ。

(7)生類憐みの令をさす。(8)色欲におぼれているのが綱吉の日常だと噂されていた。(9)柳沢吉保を諷している。吉保は綱吉の死に殉じて自殺すべきだった、そうしなかったのは臆病のせいだともっぱらの評判だった。(10)非常の時、将軍脱出用の船として安宅《あたけ》丸という船があったが、綱吉は、これを破壊させた。

さて、この寺の宝のあらましを語り申そう。(11)武烈天皇の鉄の笠《かさ》、大友天王(ママ)の将棋の駒、藤原純友の苧屑頭布《おくそずきん》、平将門こん竜《りょう》の御衣《ぎょい》并に焼米入、安倍貞任《あべのさだとう》が指矢《さしや》、平清盛の冷水たらい、長田忠宗のかけ硯、梶原讒言《ざんげん》の書、木曾義仲の精進合子《ごうす》、藤原泰衡の涎《よだれ》かけ、相模入道（北条高時）の犬日記、高師直《こうのもろなお》のめんつう、その弟師安の破衣、五大院宗智がかぶりし莚、北条松田尾張守の鼻毛、但し長さ五尺、丸橋忠弥の火付け道具、由井正雪の遠目鏡《とおめがね》、……そのほか数多く伝えられているが、語るにいとまもない。(12)宝永六年正月九日までの、この寺の縁起は、おおよそこんなものである。

(11)武烈天皇以下由井正雪までの諸人物は、歴史上、世を騒乱にみちびいた者、反逆者、評判の悪い者などをあげている。その同列に綱吉・柳沢吉保・隆光・荻原重秀らがいると諷しいる。(12)この翌正月十日に綱吉は病死するが実は、これ以上、綱吉が生きていると柳沢らの天下強奪のクーデターが起きるというので、井伊掃部頭と将軍御台所が共謀して綱吉を殺したという噂があった。十日の将軍の死とともに柳沢一味の悪計はくずれ去り、この寺、好犬院も消え失せるのである。

大佞人柳沢・荻原

さてまたこの寺の麓に、柳沢という毒水の流れる川がある。この水を呑めば、たちまち大佞人《だいねいじん》、ついしょう軽薄の臆病者となって、追腹《おいばら》も切ることができずに悪名《あくみょう》をうけ、諸人に後指《うしろゆび》をさされ、天下の笑の種となる。また、この流れの西に広野がある。この野には、老犬・病犬・疵犬《きずいぬ》・矢立鴨《やたちのかも》・吹矢燕《ふきやのつばめ》・疵猪《きずいのしし》・足折鳩《あしおれのはと》などの化生《けしょう》の物がいて、(13)人を獲《と》ること数しれずである。

さてまた、諸国にある(14)運上《うんじょう》という土地が、この寺の寺領となっている。また、犬淵《いぬがふち》という池がある。これは町人たちの泪《なみだ》の滴《したた》りでできている池だという。この寺のゆかりの者たちの故《ゆえ》に、われらも親に別れ、妻子を売り、流浪の身となったのでござる、と寺の縁起を語った人は泪ながらにいい捨て、どこかへ行ってしまった。われも同じく立帰るべしと大門を出ると、弓手《ゆんで》（左手）の方に高札が立っている。読んでみると、

(15)ながらへばみの置所有前《おきどころあるまえ》に思い切られぬ腹のかわゆき

(16)根性《こんじょう》のわるいが経に顕われてやりくりならぬ身と也にけり

(17)美濃紙とお鬚《ひげ》のちりをはき集め伯耆《ほうき》となるはうそか本多か

(18)水海《みずうみ》の荻原となる世もあればやがて死罪におうみなるべし

とあるのを読み終わると、夕陽西山の鐘の音に夢がさめたのである。

(13)生類憐みの令で、生きものに人間が支配されているようなものだと諷している。(14)税のこと。柳沢や荻原重秀は、庶民から運上を法外にとりたてる非道の政治家という評判であった。(15)みのは柳沢美濃守にかけている。わが身かわいさに綱吉の死に殉じて切腹もできない卑怯者とされた。(16)桂昌院・綱吉の寵をうけた護持院隆光は綱吉没後、大和の超昇寺に隠棲した。(17)美濃紙はいうまでもなく柳沢のこと、お髭《ひげ》とは誰のひげかわからぬが、綱吉がひげをのばしていたものか。下の句は、前代からの老中で六代家宣の代にも老中として残った本多伯耆守が、これまでの悪政を掃除する箒の役だというけどほんとうかい、といっている。(18)悪貨鋳造と運上取立てで評判の悪い、勘定奉行荻原近江守重秀を詠みこんでいる。あんな奴はやがて死罪になるに違いない、といっている。

裁かれる綱吉

『東叡山通夜物語』

宝永六年（一七〇九）正月、綱吉公の御遺骸《いがい》御出棺、ことなく寛永寺御本坊に入らせられ、御譜代の大名、御由緒《ごゆいしょ》これある面々、悲しみの涙で袂《たもと》を浸《ひた》し色を失い、泣く泣く御供の勤めも、終ったのである。中にも綱吉公在世のうち、御側《おそば》はなれず仕えた松平右京大夫《うきょうだいぶ》輝貞《てるさだ》、その夜は御棺の御側に殿居《とのい》していた。夜もふけゆき丑《うし》三つごろになって睡気こらえがたく、これはしたりと思いつつ心をいましめ眼《まなこ》を開かんとすれども忍びがたく、いつしか眠ってしまった。夢とも現《うつつ》ともなく中堂の軒端近く、黒雲一むら降り来て、厳有院殿《げんゆういんどの》家綱公、衣冠《いかん》正しく引きつくろってゆったりと座せられている。右の方には先になくなられた甲府宰相綱重公、右の座には故阿部豊後守正武そのほかの老中、さらに前後東西を亡後の役人たちが固めている。二―三間へだてて綱吉公が座し、稲葉石見守がつきそっている。

右京大夫輝貞、不思議に思いつつ眼をはなさずながめていると、家綱公が仰せだされた。

「珍らしや綱吉、このたび娑婆《しゃば》の栄花も尽きてこの冥土へ来たること、今さらに思い知ったであろう。天下を掌《たなごころ》に握って、七珍万宝かなわざることなき身ながら、無常の刹鬼《せっき》これを許さず、三十年の栄花、荘子が花の夢に似て六四歳、定命《じょうみょう》つきたり。その方、天下を押領して、毒薬を調合して世上にこれを流し、人民の命を奪うこと限りなし。その科《とが》かろからず。返答あらば申してみよ」と。

大罪人綱吉を引据え、冥府《めいふ》における、先将軍家綱公じきじきの裁判がはじまるのである。毒薬で人民の命を取ったことなど覚えがないという綱吉を、家綱はこう追求する。

「……金銀をつかい、よしなき毒薬を作らせ、山吹いろの似せ金銀の衣をかけ、世上に与えて持薬《じやく》に用いさせながら、入らざる毒だちを人民に強制して、魚鳥生類を獲るのを禁じ、人間をなやまし、罪の覚えなき者の命をとる。……へつらいの坊主たちを集め、聖賢の実のある者をきらい、佞人《ねいじん》を愛する事、言語に絶する政務ではないか。ことに男女の色を好み、賤しき男を取りたてて太鼓持をさせ、中宿《なかやど》（男女密会の宿）をかまえさせるのみか、松平の家名までつがせ、高い知行を与える……。ろくでもない坊主を招いて、祈願所としてもてはやし、あられもない寝言をさえずらせ、人民を苦しめ、その渇命《かつめい》を喜び、大名・旗本の知行を召上げ、跡目《あとめ》のないのをいいことに亡ぼし、その困窮をかえりみざること、かれらをして恨み骨髄に徹しさせている。これをもって実ある政道といえようか。……まさに、綱吉は、武烈《ぶれつ》天皇の生まれかわりの悪将である。はやく衣冠を剝《は》ぎ取って、地獄の中を引きまわし、運上地獄へ落すべし」と判決を下して、家綱公は座を立つ。

地獄落しの刑

たとえ将軍批判の写本で隠れて読まれた風刺文にせよ、将軍が地獄落しの宣告をされるという落書は、ほかに例を見ない。このような恐るべき批判の文献が『東叡山通夜物語』だったのである。この文献では、さらにその忠義の行為を正当に評価しなかったといって恨みを懐く赤穂四十七士があらためて、綱吉を苦しめる。しかし、綱吉の亡兄綱重の弁護や家臣たちの嘆願もあって、綱吉はようやく極楽ゆきを許されるという筋になっている。

地獄落しの刑を宣告されるとは、綱吉もきらわれたものである。しかし、もっとすさまじく綱吉政権を攻撃した文献がある。それは、これ以上綱吉の悪政が続けば、天下大乱、庶民困窮のもととなるというので、家康の霊魂が綱吉を殺したのだ、あるいは御台所が井伊掃部頭の了解のもとに刺殺したのだとする文献である。ここでいわれている綱吉悪政は、追従軽薄の佞人を側近としたこと、隆光にたぶらかされて生類憐みの令を出して庶民を苦しめたこと、柳沢の策略にのせられて、柳沢の嫡子を次期将軍につけようとしたこと、柳沢はわざと綱吉に悪政をさせて将軍交替（柳沢は自分の子を将軍につけようとしていた、とされていた）の世論を盛り上げるが、綱吉はそのたくらみを見ぬけなかったばかりか、柳沢に知行一〇〇万石と駿府城を与える御墨付まで下したことなどが書きこまれている。

綱吉をめぐる雑説

こうした柳沢吉保の悪だくみと綱吉の暗愚ぶりを主題にして、実録体小説に仕立てられたのが『日光邯鄲枕』『増補日光邯鄲枕』『元宝荘子』といった読本なのである。

綱吉は、宝永六年正月に病死したが、綱吉への批判、柳沢吉保に対する反感が一度に噴出してきた。まずかれらをめぐる怪情報がみだれとんだのである。たとえば尾張徳川家の家臣、朝日重章の日記『鸚鵡籠中記』の宝永七年三月の条をみると、名古屋でもつぎのような噂が流れている。

○松平美濃守（柳沢吉保のこと）は、常憲院綱吉公から五〇万石の御墨付を拝領していたが、今度、幕府に取上げられたそうだ。先年、富士山の大噴火で降った灰を取除く作業がおこなわれたとき、柳沢は甲府より駿府へ八里の新路を作らせたということだ（柳沢が自分の子伊勢守吉里を将軍につけんと、一味徒党し、謀叛準備の軍事道路を作ったという噂である）。

○伊勢守吉里は先君綱吉公の御実子だという噂だ。柳沢に謀叛の下心があったことなどいろいろの雑説が聞えてくる。

○病気中の綱吉公は、何者かわからぬが自分を殺そうとしていると、大いにおびえられていたそうだ。昼となく夜となく屋根の上に番人をおいていたそうだ。

もと京都町奉行の与力であった神沢《かんざわ》杜口《とこう》は（寛政七年〔一七九五〕、八六歳で没）、その随筆『翁草《おきなぐさ》』に、ある老翁から聞いた話ということにして、つぎのように記してる。

常憲院殿綱吉公は、はじめは文武を奨励し良君の聞えがあったが、中ごろから女色にふけられ政事をおろそかにされるようになった。綱吉公に取立てられた面々の中でも柳沢弥太郎は、わずか一五〇石の小士であったが、いたって君の御旨にかない、大名に取立てられ、出羽守保明と称して、武州河越の城主として八万石を与えられた。御側御用人の随一であったが、さらに出世して松平姓を許され、御諱《おんいみな》の一字の吉の字を与えられて従四位少将松平美濃守吉保と改名し、老中の上位に立って大老格になり、威権を天下にふるった。……犬はもちろん生類をそこなう者は、たちまち死刑に処せられ、その国風《こくふう》はまるで北条の末、相模入道（北条高時）の所行となってしまった。万人は眉《まゆ》をひそめていたのだが、これらのことについては「色々の密記《みっき》有て、夫々《それぞれ》委《くはし》く録《ろく》すれば爰《ここ》に略す……爰に又御多界の事に就《つい》て、秘説《ひせつ》」がある。

『翁草』のこの部分は一七六〇年代明和年間に書かれた。つまりこのころになって、いよいよひろく綱吉政権に関する批判文献が「密記」「秘説」として写され読まれていたのである。先にあげた明和八年（一七七一）の『禁書目録』にも『日光邯鄲枕』は登録されている。しかも注目されるのは、はじめ一二、三丁ほどの簡単な『日光邯鄲枕』が――これにもいろいろ異本があったようだが――転写される間に、いろいろの内容が増補され改作されて、大がかりの実録体小説へと変化していったことである。東京都立中央図書館加賀文庫蔵の『日光かんたん枕』と題する一本は、宝永六年八月に写した旨が認《したた》めてある二六丁の横型小本一冊だが、その内容は概略つぎのようなものである。

殺された綱吉

能役者喜多左京という者、綱吉の小姓に召出され、主税と名乗って忠勤をはげむ。将軍の酒食におぼれるのを見かねて、たびたび諫言するが将軍の乱行はやまない。ついに主税は上州高崎へおわれる。

主税は世を憂えて日光へ参籠する。夜、まどろむ主税を「白髪の老翁」がおとずれる。老翁は、「よいかなよいかな主税、忠勤のまことを神も受納して権現の仰によつて、我世の有様を語り聞かせよと、此所へあらハれたり」といって、綱吉が柳沢にたぶらかされて悪政をなしている有様を語る。そして、徳川も五代目（綱吉）までは泰平を保ちうるが、しかし五代目には実子ができず、将軍跡継ぎ問題で、徳川の危機がおとずれるであろうと予言する。

跡継ぎ問題で、紀州と甲府が争い、結局、甲府の綱豊（六代目家宣となる）に決定するが、紀州徳川家より跡継ぎを入れようとする佞臣のすすめで、綱豊を呪《のろ》い殺そうとする。家千代が誕生するが、生類憐みの令違犯の罪に問われ殺された人々の恨みによって家千代は死去する。こうした状況にあっても誰も諫める者なく、荻原重秀のような天魔《てんま》の化身《けしん》が役人となって世上を困窮させ、大小名の間に綱吉への恨みがつのる。これも柳沢美濃守の画策である。柳沢は、実は家康の敵であった武田信玄の生まれ代りで徳川への恨みを晴らそうとしていたのである。柳沢が実は逆臣だということに気づかず、柳沢にたぶらかされて悪政を続ける綱吉は、ついに家康の霊によって命を絶たれる。

さらに、改訂増補された『日光邯鄲枕』では、もうこれ以上、綱吉が生きていたら、柳沢の将軍家乗取りが起き、大名たちも二派に分れて大乱となるであろう、と心を痛めた綱吉の御台所と井伊掃部頭《かもんのかみ》が相談し、御台所みずから綱吉を殺してしまう、という筋になっている。

なお、具体的な紹介は、あまり繁雑になるからさけるが、この時代の出版物をみると『〇〇太平記』と題された書物・脚本が異常に多い。太平記の一つの主題は、犬公方北条高時の悪政で、反乱が到る所で起き、鎌倉幕府は滅亡する筋である。江戸の犬公方綱吉の悪政は、まさに鎌倉幕府の末期症状に似た状況をかもし出しているとの認識がひろがりつつあったから『〇〇太平記』が流行したともいえよう。幕政批判の書本の秘書の流行も、『太平記』に描かれた末期的症状の当代への類推をあおるものであった。そのことは先に紹介した『翁草』でもいっている。

享保の出版統制

享保五年、弾圧のはじまり

幕府として、こうした京坂や江戸においての時事報道の作品、批判文献の盛行に対処していくには、その時々の個別的な絶版処分や禁書指定ではおさえ切れない。幕府にとって有効適切な出版言論統制策は、いかに立案されるべきか、そこまで考えて統制に乗りだしたのが、八代将軍吉宗とその重臣連中であった。

まず批判性、事実報道性を強めていた上方出版界に対する統制策が動きはじめたのが、享保五年（一七二一）であった。この年七―八月に、続けざまに四つの触が出されている（『月堂見聞集』）。

享保五年七月二十八日　触

比日《このごろ》町方にてはやり言葉中ふらし候由相聞え、不届に候。相止め候様に可㆓申触㆒者也。

同年八月十八日　口触

一、頃日《このごろ》「色伝授《いろでんじゅ》」と申草紙板行致、不埒《ふらち》成事有㆑之様に相聞候。絶板商売停止申付候条、右草紙取あつかひ仕間敷《つかまつるまじき》旨、洛中洛外へ可㆓触知㆒者也。

同年八月二十四日

京都本屋共へ被ニ仰渡《おほせわたされ》一候。「太平義臣伝」十五冊。右は赤穂大石氏の事を記す大坂板也。右売高何部と申事知れ可レ申間、売付候処へ代銀持参仕買もどし可レ申候。遠国《おんごく》へ参知れ不レ申候も可レ有候間、知れ不レ申候部数、何程と書付可ニ指上一候。右之書物絶板被ニ仰付一候。此外に新板物無レ訳《わけなき》草紙、吉良殿事等の草紙絶板。

同年八月二十六日　触

一、先年も惣《すべて》而不レ謂《いはれざる》浮説抔《などの》板行、堅仕間敷《かたくつかまつるまじき》之旨相触《あいふれ》候処、今以左様の類有レ之、不届之至に候。向後新作書物幷草紙にても致スニ板行一おゐては、其品奉行所へ訴《うった》え、指図を請、赦免《しゃめん》之上可レ致ニ板行一事。

右之通洛中洛外本屋、幷板彫共《はんほりども》へ急度《きっと》可ニ触知《ふれしらすべき》一者也。　以上

これらは、やがて、享保七年に出される総括的な出版統制令の前ぶれともいうべき触書である。八月十八日に絶版にされた『色伝授』はポルノの本であろう。しかし、具体的内容はわからない。好色本の取締りは京都では、はじめてのことである。寛文の取締りに好色本があげられていたが、実際にはこれまで好色本の絶版処分事例は見当らないのである。

『太平義臣伝』　八月二十四日の条にのべられている絶版書『太平義臣伝』（『赤城義臣伝』ともいう）は、片島武矩《かたしまたけのり》が編纂した一五冊から成る赤穂浪士に関する本格的出版物である。

この書物は、第一冊目に赤穂浪士四十七士の肖像がかかげられている。それから巻一となる。「長《ナガ》矩任《ノリニンズ》二伝奏饗司《テンソウキャウシニ》一並加藤泰実《ヤスザネ》異見《ノ》事」「長矩刺《サス》二義英《ヨシヒデ》於営中《ニ》一並意恨濫觴《ノ》事」という項目から叙述がはじまり、巻一〇の最後が「義士到《テ》二泉岳寺《ニ》一祭《マツル》レ首《ヲ》事」、巻一二の最後が「戦士伏二誅《フクチユウノ》於四箇《シカ》侯家《ノコウカニ》一」つまり浪士四六人の切腹で終わる。附録として「大義論」があり、浪士たちの行為をめぐる、さまざまの称賛・論難をめぐって論者片島武矩の評がのべられている。さらに「戦士分限目録」がつけられて大尾となっている。私は、まだ初版本を見るに至っていないので、刊行者は誰になっているのか確かめえない。

大石内蔵介の肖像
（『太平義臣伝』）

これまで、赤穂浪士に関する文献がいろいろ現われたが、関係者および浪士らの行為を実名をもって書き出版したのは、この『太平義臣伝』が最初であろう。

その享保四年の序文には、「今茲《コトシ》忠臣正二当《ス》十七祥忌《ニ》一感二之《シカ》義勇《ヲ》一目《ヨッテ》著《ス》二此編《ヲ》一」とあって、赤穂浪士の十七回忌に合わせて論述し、刊行したものであったことがわかる。

この『太平義臣伝』が発行されるや、たちまち絶版処分をうけたのである。それにともなって、享保二年刊の浮世草子『忠義太平記大全』（一二巻、吉川盛信画、作者不詳）、正徳二年刊の江島其磧作の浮世草子『忠臣略太平記』（六巻六冊）、宝永年間刊の白梅園鷺水作の浮世草子『高名太平記』の三点が絶版処分となった。いずれも赤穂浪士を浮世草子に仕組んだものである。一挙に四点の書物が禁書に指定されたことは、かつてない事件であった。

『太平義臣伝』と、その絶版事件について、つぎのような論評と逸話が神沢杜口の『翁草』に記されている。

統制の裏をかく

『太平義臣伝』は、片島深淵子が文勢をふるって事実をよく書いているが、世におもねって書きすぎたところがあり、疑わしい点も見うけられる。たとえば義士の手紙などは、すべて密書であるから焼き捨てられ、残ってはいないだろう。それなのに往返の手紙が、辻褄《つじつま》のあった形で登場するのはおかしいことである。その手紙の文章もみな深淵子の文体に似ている。このように整っていては、かえって真実味を失ってしまう。事実を明らかにしえないところは、筆をおさえて、主意を推しはかって書かねばならない。そうすれば実記と人も信用するであろう。他に漏してはならない密事を書きすぎないように、しかも事実を聞いたように書くのは「記録の習ひ」である。これは「虚にして虚に非ず」である。すべて記録は、その本末をよく了察して、枢要の密事を「虚にして虚に非」ざるように書くべきである。深淵子が義臣伝を書くに至った起こりは、浅野侯の医師寺井《てらい》玄桂《げんけい》が、盟約に加わって江戸に行きたいと申出たとき、大石がとどめてこういった。

「殿の禄を食《は》んでいたという点では、武士も医師も同じであるが、少しは違いがある。世に医師までも加えたといわれては、われらの本意ではない」。こういって制された玄桂は、復讐成功の風聞が、海内に轟《とどろ》くのを聞くにつけても、余りに誉めようとしてかえって義士に瑕《きず》をつけるような説があるのを嘆いて、ただしい事実を世に知らせたいと思った。しかし、主家のことを自ら書くのは憚《はばか》られる。そこでひそかに片島深淵子に託して義臣伝を書かせたということだ。もともとこうして成立した義臣伝であるから、真実がこめられている点が多いのである。

ついで杜口は、この『太平義臣伝』を刊行するに当たって、著者と書物屋の商策をつぎのように伝えている。

さて、稿が完成して書物屋と議《はか》って出版しようというとき、書物屋がいうには、「この書物は義徒の骨髄を採り究めたものである。今、世はあげて義挙を讃えている。これをだせば、世間の人は争って読むであろう。しかし役所がこれを絶版に処することも必定である。そこでできるだけ多く製本し、一度にどっと売出そう。そうすれば絶版になったとしても過分の利潤を得られるだろう」。

このように著者・書物屋示し合わせて急いでおびただしい本数を仕立て、京・江戸・大坂はもちろん、全国へ一度に配った。案のごとく絶版処分になった。著者も書物屋も、ともにしばらく戸を閉め謹慎した。これも素より覚悟の上であった。そのころの出版取締りはさほど厳しくはなかったので、このようなことができたが、その後は、出版の前に検閲を受けなければならなくなったので、むずかしくなってしまったのである。

この話が真実かどうかはわからない。しかし、ある程度、絶版処分のあることを予期していたとするなら、八代将軍吉宗の時代にはいって出版統制の強化が進行していることを、上方の出版業者や作者たちは感じとっていたのであろう。

片島武矩の素生

『太平義臣伝』の編者、深淵子片島武矩なる人物は、いかなる素生の人であろうか。

この書物の序に某氏は、つぎのように編者について伝えている。

深淵子武矩先生は夙《つと》に才名有り。兼て文武に長ず。嘗《かつ》て軍律を小幡景憲《おばたかげのり》先生の高弟香西成資《かさいしげすけ》に学び、火攻を其の叔大野吉規《よしのり》に学んで其の奥義を得、而して箭炮《せんぽう》の剡利《えんり》、用兵の奇巧は掌握にあり。凡そ吾邦に於て火伎《かぎ》を以て軍術を説く者、未だ嘗て之を聞かざる所にして、武矩、全く此を得、而して之を教へること亦詳《つまびら》かなり。其の説に曰く、戦陣・攻守共に其の地に臨んで、必ず勝つ者は、火器鳥銃《てうじゆう》の巧精たるに在りと。実に今の世の兵法を知ると謂ふべきのみ。素より古へに博《ひろ》く、今に渉《わた》り、武道の為に著述するものは総て若干編。今又赤城《せきじやう》（赤穂のこと）義臣伝を撰んで、忠貞天を貫ぬくの誠を表わし、柔懦《じうだ》安《あん》を偸《ぬす》むの骨に砭《いしばり》す。始め此編を輯むるや赤城に往て遺跡を問い、或は雒《らく》（京都）に赴き山科に到り、事実を捜《さ》ぐり、又武江（江戸）の好士に頼《たよ》つて行状を正し、而して后《のち》、諸家密策を集め、要を摘み遺を拾ひ、先人未発之論を定め……。

これによると序文にありがちなほめすぎのきらいはあるが、片島武矩は軍学・砲術を修めた学者であったことは確かである。

また『拾遺遠見録《しゅういおんけんろく》』という、享保・宝暦ごろの物語を寄集め、紀国屋文左衛門や天一坊も登場する実録体小説の中に、つぎのようにのべられている。

大野宇右衛門と云へるは元大坂駕籠屋町《かごやまち》に於て片島深淵子と名乗り、享保亥年（四年）播州赤穂浅野家の事跡義臣伝といふ書物を板行に出《いだ》せしに、御奉行北条安房守殿御聞《き》きに達し、近代の事を板行に致せし段御咎《とが》めありしを、宇右衛門御前《ごぜん》にて一々申し開きけれども、御掟《おんおきて》を否《いな》みしとあつて家内欠所《けっしょ》に召上げられ、夫より南谷町《みなみたにまち》若狭屋何某《なにがし》が貸座敷を借りて住居せしが、大野宇右衛門と名を替へ三年余り経て、其後、京都北嵯峨に暫《しば》らく滞留……程なく江戸へ下り、相州鎌倉にて大筒《おほづつ》を打ちて名を発し、博学多才の者なれば御与力に召出され、江戸に居住しける……（こうした所に、京都の竹内式部の宝暦騒動にまきこまれて江戸に逃げてきた佐々木九郎右衛門という人物が、大野宇右衛門こと片島武矩をたよってくる。この九郎右衛門はまた敵持ちでもあった）。佐々木九郎右衛門、夫より宇右衛門に囲《かくま》れ長《をとな》同前に世話をやかれける。夜は宇右衛門が相手になり、上方の咄《はな》し諸国の噂、それとなく身の上の事を咄し、奉公等も成難きよしいひければ、宇右衛門申しけるは、「其方世を忍ぶ身にては、芸術（武芸）の師匠も成りがたし。然らば田舎遠国へ行きて何を以てか身過ぎせん。我れ思ふに其方書籍にも疎からぬ者なれば、遠国へ立越え講師となり渡世すべし。今御当地にて、梅松軒、志道軒、成田寿仙などは講釈にて妻子をはぐゝむ。併し儒学の講学と違ひ軍戦の評判なれば弁舌委細を本とす。遠くは本朝王代一覧（林鵞峯編、神武より信長時代までの年代記）あり、近くは島原実記まで板行せし本数ふるに暇あらず。然れども信長・太閤、御当家の今に至り、其実録板行成り難く諸家に於て秘する故、之を知ること能はず。我家に伝ふる大久保百巻式あり、又元々式《げんげんしき》と名附け元和より元文迄《まで》の諸雑《しょざつ》を記せし処の書あり。是れを能《よ》く暗《そら》んじて講師と成るべし」と委《くは》しく隠見《いんけん》させ……、（佐々木九郎右衛門は）宝暦九年三月に奥州へ下りぬ。

この『拾遺遠見録』は、講釈のタネ本の一つなのだが、宮武外骨の『筆禍史』によると編者は、片島深淵子の高弟で江戸の講釈師正木《まさき》残光《ざんこう》（その素生は確かめえない）だということである。以上の文は、全部真実ではなかろうが、江戸における片島武矩の面影をよく伝えたものといってよかろう。幕府の与力に召出されたとは、にわかに信じがたいが、片島深淵子は諸家に出入りして、武道論や戦記、時勢論を講じたりする人であったのではあるまいか。このころの武士むけの禁書・秘書の類を書く人の一タイプを示している者といえよう。なお片島武矩は、享保二年（一七一七）に『武備和訓』、享保三年には『武芸訓』を刊行している。いずれも武士たるものの日常の心得と武芸諸道の解説書である。武士道を論じた大道寺友山や井沢長秀なども同時代の人である。なかでも友山の『武道初心集』は著名である。しかし、友山の家康逸話をのべた『岩淵夜話《いわぶちやわ》』は禁書とされた。

吉宗と大岡による統制策立案

以上のような京坂の出版統制令をふまえて、享保六〜七年、幕府は本格的な出版統制令をだすべく、その立案作業をすすめる。その立案過程を、江戸南町奉行所の記録『撰要類集』によって窺ってみよう。この記録は、大岡忠相が部下に整理させたものである。

(1)　享保六年（一七二一）七月　老中より三奉行へ、諸道具・織物など新規商品の売出し禁止と、書物・絵草紙類の新板刊行の禁止の政策案が示された。どうしても出版したいときは、奉行所へ伺《うかがい》を出してからにせよ、「当分之儀」すなわち時事的事柄を一枚絵にして商売することは禁止ともある。これは、吉宗の意向にそったものであったろう。

(2)　同年同月十二日　大岡忠相は、右の案をうけて、将軍側近の有馬氏倫に、つぎのような町触発令を報告し、実際に、町年寄奈良屋に命じて、江戸の書物屋四七名にこの触を伝えさせている。

一、衣類幷織物之類
一、染物之類
一、諸道具類
一、食物之類
一、書籍類幷仮名草紙
　但し、浄瑠璃本は制外たるへし

右之類唯今迄《ただいままで》品々有レ之間、自今新規に珍敷仕出し候儀、堅く可二無用一事。
就レ夫右諸色幷書籍、仮名草紙ニ至迄、世上之為ニも成候儀、新規ニ仕出シ度事も有レ之候歟、又ハ京都、大坂其外所々ゟ《より》新規之品差越候ハヽ、少分之物たり共、自分奉行所江訴出、差図を請、商売可レ仕候……。

……

一、時之雑説或は人之噂を致ニ板行一、猥《みだり》ニ触売候儀、自今一切可レ為二無用一候……。

大岡は、将軍の意をうけて、新刊本の発行の禁止、「時之雑説」「人の噂」の読売禁止を打出す案をたてたのである。しかし、「世上之為ニも成候儀」を書いた書物は、奉行所の許可をうければ発行させるともしている。同時に、注目されることは、「浄瑠璃本は制外たるべし」（傍点は筆者）との一句である。浄瑠璃本の新規発行は規定外だというのである。すでに近松の作品でみたように、浄瑠璃本こそ、「時之雑説」「人の噂」を書き、赤穂浪士劇・綱吉批判劇を仕組んでいたのである。禁圧されてしかるべき作品が多かったのである。それが、この段階で、大岡が「浄瑠璃本は制外たるべし」としたのは、いかなる意図にもとづくものであったのだろうか。

(3) 同年閏七月二日　大岡は出版物取締り令の案文を、ふたたび有馬氏倫を通じて呈上している。以下のような統制令を出してはどうかというわけである。

第一に、狂言本ならびに浄瑠璃本は、狂言や浄瑠璃に上演したことを、そのまま板行することはかまわない（つまりここでも浄瑠璃本は制外品だといっている）。

第二に、狂言に上演しないのに、狂言のように作った、慰本《なぐさみぼん》ともいうべき二―三冊あるいは四―五冊物にした書物を、京都から下し、また江戸でも刊行しているが、こうした筋なき草子は無用にせよ。

第三に、子供用のくさ草紙・一枚絵などは板行してもかまわない。

第四に、読売《よみうり》発行は一切停止である。

ここでも、大岡は、狂言本・浄瑠璃本については統制を加えようとしていない。制外品と考えているのである。また、第二に指摘された歌舞伎の本のように作られた慰本とは八文字屋本をいっているのであろう。

(4)　同年八月三日　大岡は北町奉行中山出雲守と連名で、新規商品の製造と売出しを統制するために、呉服屋・菓子屋・諸道具塗物屋・小間物屋・書物屋などにそれぞれ仲間を結成させ、仲間ごとに月行事二―三人ずつを定めて取締りに違反しないように吟味させる案を上申した。これは、江戸町年寄や商人たちへも下問して立案したとしている。また、草双紙屋・絵草紙屋の連中にも世話役を置いて監視させる体制をとりたいとしている。

(5)　同年八月二十三日・十一月八日　二度にわたって、新規商品・新刊書物についての取締り案が上申された。

(6) 同年十一月十九日　将軍吉宗の意向で、江戸の書物屋に『六諭衍義大意《りくゆえんぎたいい》』の刊行売広めを命ずるよう大岡に伝達があった。

大岡はすぐに、江戸書物問屋の主なる者、出雲寺和泉掾・西村市郎右衛門・野田太兵衛・小川彦九郎・須原屋茂兵衛の六人を召出し下命している。

「六諭」は清の世祖順治帝が庶民の道徳教化のため父母に孝順、郷里和睦などの教訓六カ条を勅諭で示したもの。『六諭衍義』はその解説書。それに荻生徂徠が訓点をつけ、室鳩巣が平明に解説したものが『六諭衍義大意』である。これを吉宗が命じて刊行させ、庶民教訓の書として広く売らせようとしたのである。

(7) 同年十二月一日　大岡は、書物問屋・草紙屋に命じて、これまで刊行された書物の目録を作成させた。これは享保七年四月に出来上がり、有馬氏倫へ差出されている。それはつぎの三部から成っていた。

一、年号・作者・冊数・板元が明確な書物の外題目録帳面八冊　収載数三一五二種
一、年号・作者・冊数・板元のいずれかが不明な書物の外題目録帳面八冊　収載数二九三七種
一、現在売られていない書物の外題目録帳面一冊　収載数一三五七種
合計、一七冊　七四四六種収載

今後、この帳面の不備を補い、また新刊書について帳面に留書《とめがき》するよう書物問屋に命じてい

る。(8)

以上のごとき、将軍吉宗―御側取次役有馬氏倫、老中―町奉行大岡忠相・中山時晴の政策立案文書の往復が一年余にわたって繰り返され、また、出版書の調査が綿密におこなわれ、享保七年十一月一日に、大岡が出版条目の決定版というべき触書案文を、有馬氏倫に差出すに至る。これでよし、ということになって同月中に触書として流されたのである。なお、この触は惣触《そうぶれ》で全国へ及ぼされた。その内容はすでに六頁に示したので改めてごらんいただきたい。

この享保七年の出版条目決定について、『撰要類集』は、「先達《せんだつて》より段々書上候処、御好共有レ之、此書面ニ相極り候事」（傍点は筆者）と注記している。「御好共有之《おこのみともこれあり》」とは誰の御好か。これまでの経緯からみて、明らかに、将軍吉宗の好み＝意向なのである。これまで、享保七年の出版条目は、大岡忠相が立案して、すんなり発布されたように考えられてきたむきもあったが、これに決定するまで、一年余にわたる吉宗の采配があったことが注目されねばならないのである。

こうした出版統制令発布に至る政策決定過程をたどってみると、元禄以来の出版界の発展状況、ひいては庶民的コミュニケーション展開状況に対して将軍吉宗と幕閣とがいかに慎重に政治的配慮をむけていたかが窺われるのである。かくて享保の出版統制立案には、注目すべき特徴が、つぎの三点にわたって指摘しうると思っている。

第一に、これまでの出版統制と大きく異なっているのは、書物屋仲間を結成させて、相互監視の体制を作りあげたことである。統制令違反書の刊行は、仲間行事のひいては仲間全体の共同責任となったのである。出版統制に相互監視・連座制をもちこんだのである。

第二に、出版活動を抑えるだけではなく、発展しつつある出版業を、庶民教化政策、さらに文化政策推進の上に、積極的に利用しつつ統制を加えていこうとしている点である。すでに享保七年『六諭衍義大意』を江戸書物屋の重立った者たちに刊行させたのをはじめとして、林信充がまとめた孝子『小揚利兵衛伝』(享保十一年刊)、並河五市郎著『五畿内志』(享保二十、二十一年刊)、山井鼎『七経孟子考文補遺』(享保十六年刊)、林良適・丹羽正伯編『普救類方』(享保十四年刊)、荻生徂徠・荻生北渓の『度量考』(享保十九年刊)、『仁風一覧』(享保の大飢饉の時に救援の金品をだした人の名簿。享保十九年刊)などの書物について、刊行を命じたり刊行売広めを援助したりしている。

第三に、浄瑠璃本の扱い方の問題である。大岡は(2)・(3)の取締り令案文において、「浄瑠璃本は制外たるべし」との立場をとっていることの意味である。

浄瑠璃本は制外品

制外たるべしとは、一般の書物の取締り令では規制されない、ということである。すでに近松の作品でみたように、浄瑠璃本こそ「時の雑説」「人の噂」を脚本化し、綱吉批判・赤穂浪士一件を仕組んでいたのである。人形浄瑠璃として上演されるだけでなく、脚本は刊行物として広く出まわり、ベストセラーといっていい売行きを示していたのである。それこそ直接的弾圧の対象となるはずのものであった。それなのに大岡は、浄瑠璃本を制外品だとしている。

大岡の考えは、明らかに浄瑠璃本を一般の刊行物とは区別して考えている。いや区別ではない。被差別の出版物と考えていたのではなかろうか。それは芝居ごとに関係する人たちはもちろん、作者・作品に至るまで被差別の存在につながるもの、すなわち制外として見ていたことを意味すると解されよう。近松の作品さらに作劇活動、また、近松ら作者たちをひっくるめて、被差別的存在に、あらためて確認することによって、一般文化統制とは異なる統制の仕組みのもとにおこうとしたことが窺えるのである。したがって、この「浄瑠璃本は制外たるべし」という一句は、享保七年の出版条目にも盛り込まれてはいない。

では、実際に浄瑠璃本は制外品としてまったく統制をうけなかったのであるか。そうではない。一般書の出版統制とは切りはなされた形で触は出されたのである。

すなわち享保八年二月二十日、江戸町年寄の奈良屋を通じて、つぎのような触が出された。

一、男女申合わせて相果てた場合、今後は死骸は取捨て、一方が存命なら下手人《げしにん》に申付ける（殺人罪で斬首刑とする）。死骸を弔ってもならない。二人とも存命の場合は、三日間晒《さらし》の上、非人《ひにん》手下《てか》とする（非人頭に渡して非人とする）。

一、すべて、この類のことを絵草紙ならびにかぶき狂言に作ることは厳禁である。

この法令は浄瑠璃本はあげていないが、それも含めての取締りであろう。これをもって心中事件の脚色・上演は禁止となったと見なければならない。近松は心中物浄瑠璃は創作できなくなったのである。

享保の差別政策強化

しかもこの心中物上演・刊行禁止は、幕府の被差別民の統制強化策の一環として出されたものと思われる。この触は大岡の南町奉行記録『撰要類集』においても「新規物幷書物類之部」にはいれられず、「御仕置筋之部」にいれられて、一般書物類とはまったく別扱いになっている。

いずれにせよ近松らの作品は、一般統制令とは違う、別立て統制下にいれられ、被差別の扱いにされたことは注目されてしかるべきである。あれは一般の書物とは違うのだ、制外の民の制外の品だと差別して扱うことによって、時事批判の文言があっても無視してしまう態度なのである。近松の時事批判を含む作品で、あの強烈な幕政批判を展開した『相模入道千匹犬』など無視された。享保八年六月『大塔宮曦鎧智略の万歳』の絵図が、幕府批判の文言があるゆえに発禁となったことは、前にのべた（一一八頁）。しかし、その文言がある作品が上演されても規制をうけてはいない。その刊行脚本（浄瑠璃本）も発禁になっていない。このことも注目される。芝居小屋の上演や浄瑠璃本は制外とされ、一般向けの一枚刷り絵図になったとたんに発禁にあっているのである。芝居小屋は制外地であり、芝居刊行物は制外品だったのである。前田勇氏編『江戸語の辞典』によれば、時代は下るが文政四年（一八二一）の『娘狂言三勝話』に「歌舞伎は原来制外《もとよりせいぐわい》故、皇子の服を着たればとて御咎めあらん様は無し」とあるという。この『娘狂言三勝話』は柳亭種彦の作である。柳亭種彦こと幕臣高屋彦四郎も芝居を制外と見ていたのである。

作品に対する弾圧だけでない、差別することによって異質の空間における異質の作品として別扱いにしてしまう。こうした享保期幕閣の統制のやり方には、近松も憤りを覚えずにはいられなかったのではあるまいか。

書本禁書の事例

享保七年の出版条目がだされ、書物屋たちは仲間を結成して相互吟味の責任を負わせられることになった。出版物は、まず仲間の行事に稿本で提出して検閲をうけ、印刷完了後、また行事の検閲をうけて売出し許可証を手にして、はじめて刊行ができるのである。書物屋は刊行物だけを扱うのではない。古本も書本も売買する。そうした書物の中に享保七年出版条目に違反するものがあって、売ったことが分れば処罰されるのである。将軍家のことが書いてある政事向きの書本は、のきなみ禁書として売買できなくなった。明和八年『禁書目録』第二種、書本の部にあげられた2『本朝通鑑』（幕命によって林羅山・鵞峯が編纂した編年体通史）、3『万天実録』（万治—天和年間の幕府・諸家に関する記録）、4『文露叢』（宝永・正徳年間の幕府諸家の記録）、5『柳営秘鑑』（幕藩制諸制度の解説書）、7『武徳大成記』（豊臣滅亡までの徳川創業史。幕命により貞享三年成立）、8『家康公御年譜』（尾張の徳川義直著。正保三年成立）以下、将軍家に関する書本はすべて禁書となっている。60『赤城盟伝』以下、76『忠義碑文』までは赤穂浪士に関する書本である。また80『鐘秀記』〜86『胆心精義録』も赤穂浪士に関する書物である。時事的なことが書いてあるものはすべていけないことになっている。大名の御家騒動の記録もいけない。さらに103『殺法転輪』のごとき渡辺数馬・荒木

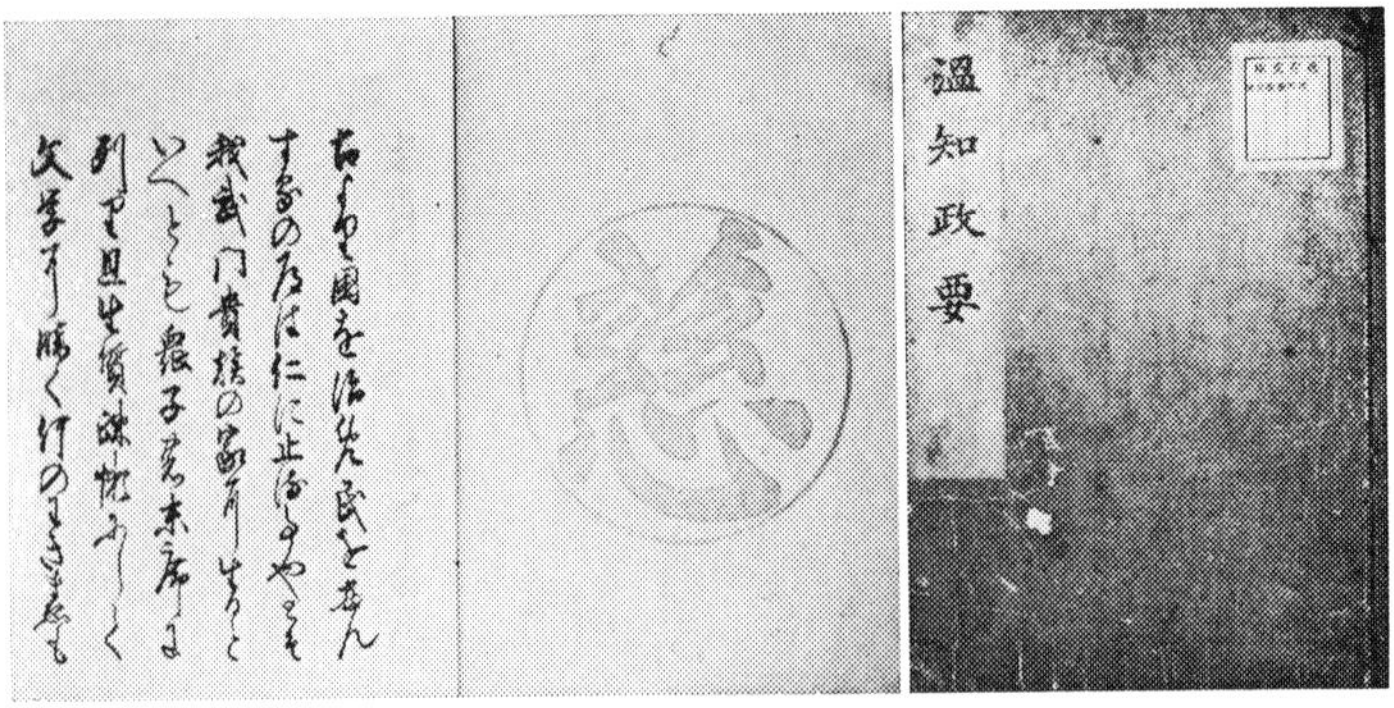

『温　知　政　要』
徳川宗春著。宗春が尾張徳川を継いで，翌年，享保16年に書き刊行させた政治心得，武士訓戒の書。「古より国を治め民を安んするの道は仁に止る事也とぞ」と書出している。文中，吉宗に対抗し，その政治を批判する箇所が多い。享保17年に絶版処分となった。（名古屋市蓬左文庫所蔵）

又右衛門らの伊賀上野の敵討の物語まで禁書に含めて、書物屋たちは売買を遠慮するに至っている。

家元制度と禁書

第三種の絶版書の中では、①『先代旧事本紀』のごとき偽書類や、㉕『太平義臣伝』のごとき赤穂浪士についての刊行の禁圧については別にふれているが、ほかに注目されるのは、第一に有職故実関係書の絶版である。⑧『案内者』（宮廷行事や各地権現祭りなどを含む年中行事の解説書。中川喜雲著。寛文二年刊）、⑨『日次紀事』（黒川道祐著。貞享二年序。年中行事の書）、㊷『建武年中行事略解』（谷村光義著。後醍醐天皇の「建武年中行事」の注釈書。享保十七年刊）が、㊽『大嘗会便蒙』（荷田在満著。元文五年刊）とともに絶版に処されている。朝廷行事に関する書物を公刊させないのは、文化統制上いかなる意味を示すものであるか考えてみなければならない問題であろう。第二に㉜『新撰碁経』（四世本因坊道策の弟子秋山仙朴の著。享保五年序。家元秘蔵の碁譜を刊行したもの。これによって秋山は破門され、放浪生活中に没す）、㉝『茶経字実方鑑』（一樹庵道玄の茶道の書。享保十二年刊）、㉞『将棊勇士鑑』（享保六年刊『象戯名将鑑』のことか?）、㉟『将棊手段草』、㊱『十《じ》種香《しゅこう》暗部《くらぶ》山《やま》』（香道の書。享保十四年刊）など遊芸書が絶版になっていることである。これらはなぜ絶版となったのか調査が行届いていないが、㉜『新撰碁経』の絶版理由が家元からの訴えによってであることから推量するに、家元の支配に反する、あるいは統制をみだす遊芸書は禁圧されたのであろう。絶版処分は、何も幕府に対する内容をもった書物についてのみとはかぎらず、この時代の支配の構造からはみだしたり、構造そのものに少しでも照明をあてたりする書物は絶版処分をうけたのである。㊴『温知政要』は尾張の徳川宗春の著であり、「慈忍」の二字を中心に藩の施政方針と政事にたずさわる者の処世上の心得を説いたものだが、宗家徳川の方針にそむいた宗春の著とあって絶版処分をうけた。

　ともあれ、享保の一連の出版統制策によって、江戸時代禁書体制とでもいうべき、書物文化の統制機構が確立したのである。第一話にのべた馬場文耕獄門事件は、その統制機構の厳しさをまざまざと示した事件であった。以後の江戸時代の書物文化の発展は、この禁書体制と作者・書肆との、さまざまな葛藤を通じて展開していくことになるのである。

偽書の時代

『旧事大成経』の出現

明和八年『禁書目録』のうち、第二種書本の部、第三種絶版書の部の筆頭にあげられているのが『先代旧事本紀』である。

禁書の筆頭

この『先代旧事本紀』とは、いったいどのような書物であり、なぜ禁書となったのであろうか。以下はその追跡レポートである。

手元に『群書備考』がある。これは江戸時代に流通していた書物について、江戸時代の人の解説文を集めたものである。これで『先代旧事本紀』を引いてみる。いく人もがこれにふれているが、伊勢《いせ》貞丈《さだたけ》の解説箇所をとりあげてみよう。

○先代旧事本紀　○日本書紀　○古事記　○先代旧事大成経

神道独語《ひとりがたり》伊勢貞丈云、「神道者の説に神道三部の本書と云ふは、先代旧事本紀、日本書紀、古事記是也と云へり。旧事本紀は偽書なり。聖徳太子・蘇我馬子両人撰也と云ふに、彼《かれ》両人の薨後《こうご》の事見えたり。此外《このほか》偽作の証《あかし》多し。今此所に書き尽されず。全編、日本紀（日本書紀のこと）、古事記、古語拾遺等を本として、何か外の書をも少し取交ぜて作りたるもの也。古偽の書なる故、古人もその偽を察せずして多く引用ひたるを見て、後代歴々の学者も惑《まど》ひて、多く是を引用ひしは、無眼とや云ふべき。又別に、先代旧事本紀と云ふ書七十二巻あり。一名を先代旧事大成経とも云ふ。此書は近き頃、黒滝の潮音と云ふ禅僧肥前の人、上野国館林広済寺住職、黄檗宗と、志摩国伊雑宮《いざはのみや》の神人《じんにん》に頼まれて、浪士水（永カ）野采女《うねめ》と相謀《あひはかつ》て偽作したりしに、後に其事《そのこと》顕《あらは》れて、天和元年に両人ともに流罪に処せられし也。此《この》大成経の偽をしらずして用ゆる神道者もあり、学者も引用ゆる人あり」。

この文を書いた伊勢貞丈といえば、八代吉宗から一〇代家治に至る時期の幕臣で、武家故実《こじつ》の大家をもって聞えた人である。博覧強記とはこの人のためにあるような言葉。数百巻におよぶ著書を残し、とくに記録・古物の真偽の証明においては、かれの右にでる者はいないという人だった。

二つの『先代旧事本紀』

伊勢貞丈は『先代旧事本紀』には二種あるとしているのである。

(1)　聖徳太子・蘇我馬子両人撰の『先代旧事本紀』一〇巻本。古い偽書。

(2)　『先代旧事大成経』ともいう『先代旧事本紀』七二巻本（序・目録の巻を合わせて七四巻）。禅僧潮音と浪人永野采女が、志摩の伊雑宮の神人に頼まれて偽作したもの。天和元年（一六八〇）に二人とも流罪（実は処罰は天和三年）。

貞丈は(1)の『先代旧事本紀』について、多くの著書でふれているが、その一つ『安斎随筆』でつぎのようにのべている。

『旧事本紀』は偽書である。自分は『旧事本紀剝偽』を著わして、それを証明した。……世の学者は、この書物を、古い偽書であることを知らず、聖徳太子・蘇我馬子の真撰で、『日本書紀』よりも古い史書と思い、故事の解説に、この書物を使っている。まことに、この偽書の害悪ははなはだしいものがある。……『日本書紀』推古天皇二十八年の条に、聖徳太子と島大臣（馬子）が、「天皇記《すめらみことのふみ》」「国記《くにつふみ》」「臣連伴造国造百八十部并公民等本記《おみむらじとものみやつこくにのみやつこももあまりやそとものおならびにおおみたからどものもとつふみ》」という史書を編纂したとある。世間では、これが『先代旧事本紀』として残ったのだとしているが誤りである。大化改新で蘇我屋敷が炎上した時、「国記」だけが残ってこの史書は焼失したと『日本書紀』は記している。その「国記」も今は伝わっていないのである。

この『旧事本紀』について、青木和夫氏はつぎのように簡潔に記している。

神代から推古天皇に至るまで、「古事記」「日本書紀」そのほかの古書の文をつづりあわせたもの。正しくは「先代旧事本紀」といい、一〇巻。古くは聖徳太子の選述というその序文が信用され、記紀とならんで神道家に尊重されたが、江戸時代以来の研究で、平安初期……の選述というのが通説となった。物部氏関係の所伝が多いので、その一族の選述といわれ、第五巻「天孫本紀」と第一〇巻「国造本紀」とには、他にみえない古伝をのせている。(『世界大百科事典』)以上の⑴『先代旧事本紀』(一〇巻)が偽書であることは定説となっているが、この書物が江戸時代に禁書に指定されたことはない。

⑵の『先代旧事本紀』について、伊勢貞丈は、やはり『旧事本紀剣偽』の中で、偽書たるゆえん、禁書となった経緯をややくわしくのべている。

刊行されて世におこなわれている『先代旧事本紀』一〇巻は、聖徳太子と蘇我馬子が撰修したというのは偽りである。これとは別に『旧事大成経』⑵の『先代旧事本紀』の別称である)という正部三八巻副部三四巻合わせて七二巻から成る書物がある。これは『先代旧事本紀』の真本というように説かれているが、それははなはだしい誤りである。この『旧事大成経』もまた偽書である。天和の将軍の代に、黄檗《おうばく》派《は》の禅僧潮音(かれは肥前国の人で上野国に住し館林の広済寺の住職であった)という者が、志摩国の伊雑宮の神人の家に古い偽書が少しばかりあったのに加筆し妄作《もうさく》増補して七二巻に仕立てあげたのである。内容は、みな何本紀というように銘うって伊雑宮の神庫の秘書として偽って印刷刊行したのである。伊雑宮の神主と潮音と相謀って伊雑宮は天照大神の本宮であると主張して伊勢の神宮を圧倒しようとし、その証拠にするために『旧事大成経』を偽作したということである。ところが天和元年に、偽作であることが発覚して、潮音と伊雑宮の神官(先に引用した『神道独語』では浪士となっている)永野某も流刑に処され『旧事大成経』の板木も、方々へ売った板本も取集めて焼捨てられ、刊行した書物屋豊嶋屋豊八（実際は、江戸室町三丁目の戸嶋惣兵衛であった）も追放された。潮音は将軍綱吉公の御母君の帰依の僧であったから、御母君の願いによって流刑を許され上野国黒滝山へ転住させられたという。桂秋斎（多田南嶺）が書いた『蕁艸《ぬなわぐさ》』（『ぬなはの草紙』ともいい、宝暦五年、板行不許可となった書物）に、「この大成経には幾か所となく這箇《しやこ》（この・これ・そのという意）の二字を用いている。這箇という書き方は、中国宋朝以後の俗語である。聖徳太子の時代は隋朝に当たるから這箇という書き方はあるわけがない」と指摘されている。……今でも偽書『旧事大成経』の中の礼綱本紀の板本が書物屋にでることがある。歴々の学者の著述した書物に『大成経』を引用して論証しているものもしばしば見受けられるが、偽書であることを知らずして信用しているのは傷ましいことではある。

明和八年『禁書目録』の筆頭にあげられた『先代旧事本紀』なる書物は、以上でわかるように禅僧潮音と浪人永野采女が伊雑宮関係者から頼まれて偽作した、別名『旧事大成経』（以下、この称を用いる）という書物であった。

享保以後、神道研究家の吉見幸和・桂秋斎（多田南嶺）、さらに故実研究家の伊勢貞丈らは『旧事大成経』が偽書であり、これにまどわされてはならない旨の著述をいろいろとだしている。本居宣長も、『玉勝間』において、『旧事大成経』が偽書であること、潮音と永野采女の流刑、板木焼捨て処分にふれている。平田篤胤もまた、『俗神道大意』の中で、この問題にふれているのである。そのほか松平冠山の『思ひ出草』でもふれているなど、あげていけば切りがない。いかに世間を驚かせ、後々までよく知られた事件であったかがわかるであろう。

作られた神話

畏ルベキ豪才強魄　九州豊後の日田の儒者広瀬旭荘《きよくそう》（私塾咸宜園《かんぎえん》の経営で著名な広瀬淡窓《たんそう》の弟）も、その著『九桂草堂随筆《きゆうけいそうどうずいひつ》』で、『旧事大成経』を、にくむべき偽書として排撃しているが、かれは実際にこの書物に目を通して、つぎのような嘆声を発している。

作者、豪才強魄畏《がうさいきやうはくおそ》ルベシ。是ノ骨折ヲ移シテ、真正ノ歴史ヲ修メバ、其功赫然《かくぜん》タランニ。惜《をしい》哉《かな》。

偽書『旧事大成経』は、天下の神道界、ひいては近世思想界を驚倒せしめただけあって、まことにその作者は、おそるべき「豪才強魄」の持主であった。

すでに貞丈の『旧事本紀剝偽』の引用で示したように、『旧事大成経』は志摩の伊雑宮をして天照大神の本宮であるとし、伊勢の神宮を圧倒せんとする謀計の証拠として、偽作されたものであった。それは伊勢の神宮を中心とする神祇信仰の秩序に対する大反逆の謀計であった。

この伊雑宮本宮説の主張のために、七四巻にのぼる大著が偽作されたのである。この書物の序文は、

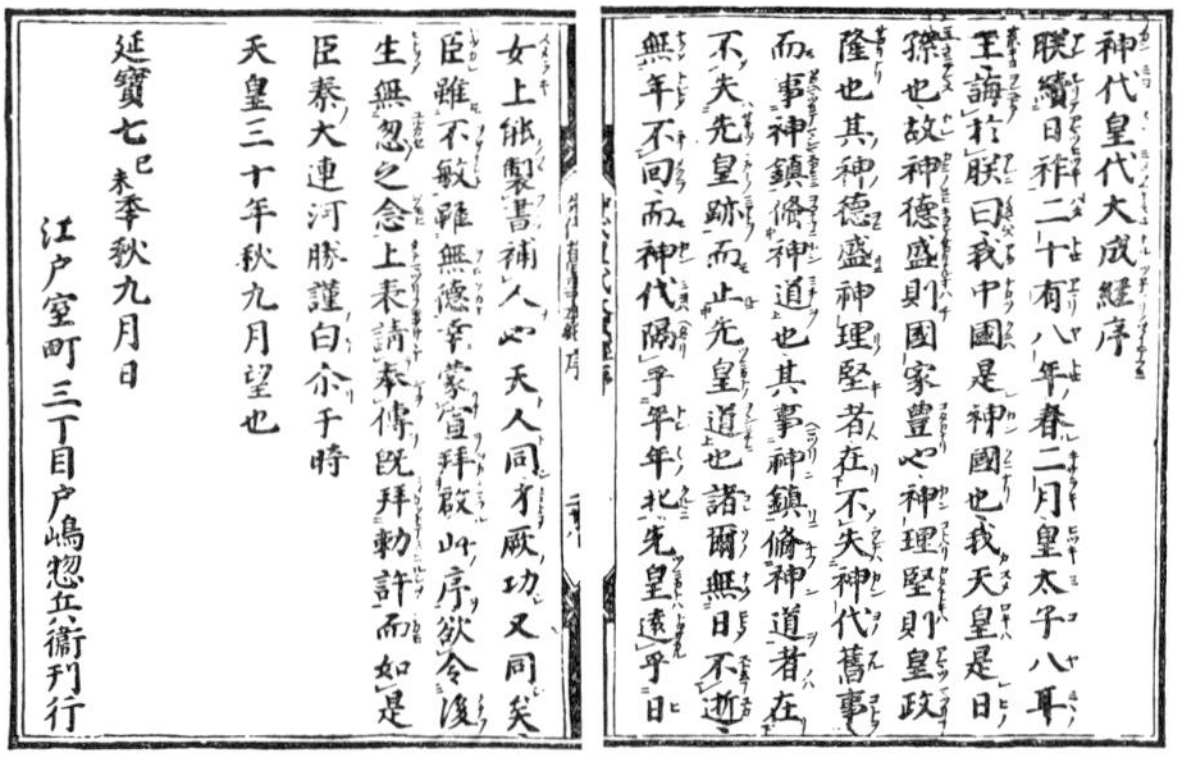
神代皇代大成経序
朕續日祚二十有八年春二月皇太子八耳
王誨於朕曰我中國是神國也我天皇是日
孫也故神徳盛則國家豊也神理堅則皇政
隆也其神徳盛神理堅者在不失神代舊事
而事神鎮脩神道也其事神鎮脩神道者在
不失先皇跡而止先皇道也諸爾無日不逝
無年不回而神代陽乎年年北先皇遠乎日

女上能製書補人必天人同才厥功又同矣
臣雖不敏雖無徳幸蒙宣拜啟此序欲令後
生無忽之念上表請奉傳既拜勅許而如是
臣秦大連河勝謹白介于時
天皇三十年秋九月望也
延寶七己未季秋九月日
江戸室町三丁目戸嶋惣兵衛刊行

『旧事大成経』
序の最初の部分と刊記。（国立公文書館所蔵）

秦河勝《はたのかわかつ》（聖徳太子から弥勒菩薩像を授けられ山背太秦《やましろうずまさ》に広隆寺を創建したと伝えられている人）が起草したとされているが、その序文で、本書成立の事情がどのように偽りのべられているかを見よう。文中、神話的用語の読み方は原文ルビつきのままとし、ほかは現代文風に書き下しておく。

『旧事大成経』序文

神代皇代大成経序《カンミヨスメミヨノオホヒナルツネノツイデフミ》

朕（推古天皇）即位して以来二十八年目の春二月、皇太子八耳王《ヤミヽノオホキミ》（聖徳太子）の進言があった。「我が中国《ナカツクニ》は神国《カンクニ》である。天皇は日孫《ヒノミコ》にして、神徳《カミノミヒキヲヒ》がさかんであれば国家は豊かである。神理《カンコトハリ》が堅いときは皇政《アマツマツリゴト》もさかんである。神鎮《カンマツリ》を正しくし神道《カンミチ》をおこなう必要がある、そのためには神代《カンミヨ》・先皇《サキツミカド》の記録を集め、神天真命理《カンアメノマメミコトノリ》・聖皇《スメロギ》明行跡《ノミフルマヒノアト》をあきらかにしなければなりません」と。このことは朕も常に思っていたことである。

そこで、大臣蘇我馬子宿禰《オホマチキミソガノウマコノスクネ》に命じて、内録のほかに、吾道《アチ》・物部《モノノベ》・忌部《インベ》・卜部《ウラベ》・出雲《イヅモ》・三輪《ミワ》の六家の祖神・先人の記録を集めさせ、中臣御食子《ナカトミノミケコ》（中臣鎌足の父）をして蘇我馬子に協力させ著《フミツク》録《ルコト》を命じた。その際、重ねて諸豪族に、家に古記録を秘《カク》しておいてはならない、一行たりともこれをさし上げよと命じた。しかし神代の事がどうしても明らかにならない。疑うらくは隠録《カクシフミ》があるのではないかと、重ねて諸家に記録提出を命じた。ここで忌部・卜部がいうには、「われらは出しおしみをしているのでは決してありません。ただし、祖神土筥《ミヲヤノカミノハニハコ》があります。これは昔、磐《イワ》余彦天皇《レヒコノスベラギ》（神武天皇）の時、豊天富命《トヨアマトミノミコト》・天種子命《アマノタネコノミコト》が、神魂《カンミタマ》と称して土筥《ハニハコ》を本　祠《モトツホコラ》に安置したものです」と。そこで朕は、大徳小野妹子臣《オホイキヲヒオノノイモコノヲミ》を平岡宮《ヒラオカノミヤ》に、大連秦河勝《ヲヽムラジハタノカワカツ》を泡《ア》輪宮《ハノミヤ》につかわして、土《ハニ》筥《ハコ》を得させようとした。小野妹子が平岡に至って宣命《ミコトノリ》を伝えると祠社《ホコラ》が鳴動し、神形光丸《カンミカタテルマロカ》ごとの奇《アヤシキヲト》　音が高くひびいて、「天徹地徹人徹大聖《アメトヲルクニトヲルヒトトヲルフトトヲル》、皇太子之　命《ヒツギノミコノミコトノリカシコ》　畏み奉る」と声がして祠社から土筥《ハニハコ》が現われた。秦河勝が泡《ア》輪宮《ハノミヤ》に赴いて宣命を伝えたところ、神が貴大老《ムチオホヂ》となって姿を現わし「天亨《アメトヲル》地亨人亨大聖、皇太子之命畏み奉る」といって土筥を取って河勝に与えた。かくして得た土筥の中から得た土簡《ハニフダ》によって吾が国の「神道之霊妙」がすべて明らかとなったのである。

……

津村正恭はその著『譚海《たんかい》』に、「聖徳太子が編纂したといわれる『大成経』は、土器篋《はらばこ》より発見されたものだと伝えられている。この説は、竜猛《りゅうみょう》（インドのバラモン僧龍樹《りゅうじゅ》のこと）が鉄塔の中から多くの大乗経典を得たという伝説と同じである。このようなことをいうから偽書だとされるのである。

『旧事本紀』にもそのようないい伝えがある」としている。

『日本書紀』に書かれた伊勢神宮

では、本書の一番のサワリの部分、天照大神を祀る本宮（伊雑宮）成立の説話を、かれらはどのように作ったか。以下に『日本書紀』の文と、『旧事大成経』の文とを対比してかかげてみよう。いずれも原漢文を読み下した。読んでいただくと、『旧事大成経』の作者の「豪才強魄」ぶりと、壮大なる偽書の一端にふれえよう。

まず、『日本書紀』巻六、垂仁天皇二十五年三月の条をかかげる。

三月《やよひ》の丁亥《ひのとのゐ》の朔《ついたちのひのえさるのひ》 丙 申に、天照大神《あまてらすおほみかみ》を豊耜入姫 命《とよすきいりびめのみこと》より離《はな》ちまつりて、倭 姫 命《やまとひめのみこと》に託《つ》けたまふ。爰《ここ》に倭姫命、大神を鎮《しづ》め坐《ま》させむ処《ところ》を求《もと》めて、菟《う》田《だ》の筱幡《ささはた》に詣《いた》る。更《さら》に還《かへ》りて近江国《あふみのくに》に入《い》りて、東 美濃《ひがしのかたみの》を廻《めぐ》りて、伊勢国《いせのくに》に到《いた》る。時に天照大神、倭姫命に誨《をし》へて曰《のたま》はく、是《こ》の神風《かむかぜ》の伊《い》勢国《せのくに》は、常世《とこよ》の浪《なみ》の重浪帰《しきなみよ》する国なり。傍国《かたくに》の可怜《うま》し国なり。是の国に居《を》らむと欲《おも》ふとのたまふ。故《かれ》、大神の教《をしへ》の随《まにま》に、其《そ》の祠《やしろ》を伊勢国に立てたまふ。因《よ》りて斎 宮《いはひのみや》を五十《い》鈴《すず》の川 上《かはのほとり》に興《た》つ。是《これ》を磯宮《いそのみや》と謂ふ。則《すなは》ち天照大神の始《はじ》めて天《あめ》より降ります処なり。

偽作された伊雑宮の起源

つぎに『旧事大成経』第二〇の「神皇本紀」中巻下、垂仁天皇二十五年の条。

三月《やよひ》の丁亥《ひのとのゐ》の朔《ついたちひのえさるのひ》 丙 申に、天 皇 斎《すめらみことつつしみ》て群臣に詔《みことのり》して曰《のたま》はく、朕《ちん》今深く慮《おもんみ》るに、神 慮《かんみこころ》を恐るべし、神の誨《をしへ》の随《まま》に、先 皇《さきのすべろぎ》の不レ及《かけたる》を悔《くひ》て、尽《つく》さざる所有《ところあ》る事を補《おぎな》ひ、慎《つつし》み敬《けい》して皇祖天神《あまつかみ》を祭 祠《まつりたてまつらん》ことを欲《おぼ》す。天照太神《あまてらすおほみかみ》の天津《あまつ》神籬《ひもろぎ》は、代代天《つぎつぎのすめ》皇《ろぎ》の日的《みくらぎ》の天祚《あまつひつぎ》の其《そ》の宗宮也《もとつきはめ》。平生《なみなみ》の地《ところ》、等閑《なほざり》の処《ところ》は豈《あ》に其の官場《みやどころ》に任当《あたらん》やと。豊秬入媛命《とよすきいりひめのみこと》をして太神《おほみかみ》の御意《みこころ》を占問《うらと》はしむ。時に太神、然《しか》く誨《をしへ》て曰《のたまは》く、昔吾太神《むかしわれおほみかみ》の誕産処《あれませしところ》、吾《わ》が神魂物《かみたまもの》すでに降置処《あまくだしおくところ》、霊妙《けやけく》して今に在処《ありしところ》、尚吾太神《なほわれおほみかみ》、先《さき》に降《あまくだ》りて斎《いつか》して、仙宮《あやしみや》に在《ま》す。元処《もとつところ》の神処《かみつところ》なり。宜《よろし》く其地《そこ》に鎮座《しづまります》べきなりと。又、豊秬入媛命《とよすきいりひめのみこと》太神の聖心《みこころ》を取りて訓《をしへ》て以て奏して曰《いは》く、吾已《われすで》に長老《としよりて》、気《いき》の衰《おとろ》へて神幸《かんみこね》に従《したが》ふに堪へず。希有《まれにして》、独日本媛命《ひとりやまとひめのみこと》、神霊気有《あやしきいきま》す。是太神《これおほみかみ》の御杖代《みつゑしろ》に任《たへ》たり。これを除《おき》ては更《また》なし。仍《より》て太神《おほみかみ》、験《しるし》を移《うつ》して、豊秬入媛命《とよすきいりひめのみこと》を離《はな》れて日本媛命《やまとひめのみこと》に託《かか》りたまふ。時に日本媛命《やまとひめのみこと》、神鏡《みたますみ》を戴《いただき》き、処処《しよしよ》を廻《めぐ》り行《ゆき》て、其の鎮座霊《しずまりますあやし》き勝古昔土《そのかみのところ》を求めたまふ。而て、大和の国、菟田筱幡邑《うだのささはたのむら》に詣《まふ》き、更《さら》に還《かへ》りて往《ゆ》き、淡海国《あふみのくに》を経《へ》て箕野国《みののくに》を出《い》で、尾張国《をはりのくに》を過ぎて伍拾国《いせのくに》に入りたまふ。是《こ》の時、天照太神《あまてらすおほみかみ》、日本媛命《やまとひめのみこと》に誨《をし》へて曰《のたまはく》く、吾《わが》神代《かんしろ》の処《ところ》は是茲《ここ》なり。神風哉五十国《かみかぜやいそのくに》は、常世《とこよ》の浪《なみ》、神仙《あやし》の浪、不断帰《とこよせ》の重畳帰《しきよせ》の帰《よす》る国なり。辺《か》傍国《たくに》の甘美国《うましくに》なり。この国に居《をら》んと欲ふ。時に日本媛命、未だ其の土地《ところ》を知りたまはず。菟道川《うぢのかは》上《かみを》まにまに吟《さまよ》ひたまふ。爰《ここ》に一人の老人《おきな》あり。日本媛命に申して曰く、此の河の河上に善任之元《よかるまさる》正之地《とところ》有り。是れ太神の鎮坐之所《しずまりますところ》に当れり。日本媛命問て曰く、汝《なん》は何人《たれ》ぞや。対《こたへ》て曰く、吾は斯《こ》れ此の国の地主《くにつきみ》、名は猿田彦《さるたひこ》大神とは余《われ》なり。我《あれ》に正《まさ》しき自《おのづか》らの稜威本形《みいつのかたち》あり。汝命《なんのみこと》たち之《これ》を視《み》たまはば、当《まさ》に忽絶命《まかり》けん。故に自有《あるままなる》を隠《かく》して老《おきな》と化《な》れり。昔日《そのかみ》、天照太神、天地《あめつち》を知りたまふ璽《しるし》として、神魂物《みたまもの》と、三種物《みくさのもの》と、天《あめ》の柱地《みはしらち》の柱《みはしら》なる心妙《たへなる》天の亨瓊矛《とほこ》と、天の五《い》気金成天《いきかねなるあめ》の五《い》十箇《そつ》金鈴《かなすず》と、神印《かんみしるし》・皇印・国印・天津神籬《あまつひもろぎ》の法物を下して、我をして之《これ》を護らしめたまふ。我《われ》能《よ》く之《これ》を護りて玆《ここ》に居ること百有二万八千歳《ももあまりふたよろづあまりやちとせ》なり。若干季世《ひさしきすへのよ》に天照太神鎮坐の時を待ちて居す。……

日本媛命、問て曰く、爾《なん》ぞ霊妙なるかな、太神は何《なん》の場《ち》の宮に住みたまふ哉。対《こたへ》て曰く、我躬は此《こ》の天水仙泉《あまつみつかんみつ》の底に千尋《ちいろ》八百尋の底に常春《とこはる》の神域有り、八丈《やつえ》八棟《やつむね》の霊《あやしみまし》室を神造《かんつく》りに造りて住むなり。飯井《いざふ》宮は是《こ》れ仮居《かりゐ》なり。爾命《なんじみこと》神事《かんこと》を聞欲《きかまく》おぼさば斎《ものいみ》して玆《ここ》に来れ。祝言《のつと》して召したまへ。吾《わ》れ当《まさ》に出て以つて語り教へ思ひ合はすべし。猿田彦神の教によつて、天照太神を飯井《いざふ》大神宮に還《うつ》し奉り、これを改めて、且《かつ》名づけて不熟幣祠《かりみてくら》と為《な》す。

是《こ》れ斎元宗宮の大法《ふとのり》、密法事《みつかのりみこと》の其《そ》の法の元也。

すなわち『日本書紀』では、倭姫命が天照大神を祀るところを求めて伊勢国に至る。そこで大神の神託を聞いて、祠《やしろ》を伊勢の国に建てた。これが内宮の起源となる伝承である。さらに倭姫命は、斎王の忌みこもる斎宮を五十鈴川上《いすずのかわのほとり》にたてた。これが磯宮《いそのみや》すなわち斎宮《さいぐう》であるとしている。『旧事大成経』の作者は、『日本書紀』に五十鈴の川上《かわのほとり》に磯宮をたてたとあるのを、川上を文字通り川をさかのぼって至る所、すなわち志摩の伊雑宮を磯宮に置き替え、これを天照大神を祀る神社としたのである。このことをいいたいために、神話体系を作りあげ、七四巻の大偽書をまとめたのである。まことに驚くべき、エネルギッシュな作業というべきである。広瀬旭荘が、この『旧事大成経』の作者を畏るべき「豪才強魄」の者と評したのも、まことにうべなるかなであった。

『旧事大成経』は正部四〇巻、続部三四巻から成る。正部四〇巻は、延宝七年(一六七九)九月、江戸室町三丁目戸嶋惣兵衛刊である。続部三四巻のうち巻七〇の「憲法本紀」は『聖徳太子五憲法』として、また五七〜六〇の「礼綱本紀」はそのまま独立して刊行された。しかし、続部の諸巻は多く写本として伝えられた。

聖徳太子の憲法は五つあった

なお『旧事大成経』正部四〇巻は、木板本のほか活字本も刊行されていた。これらを私は国立公文書館の蔵本で見たのであるが、活字本には刊記はなく誰が発行したかは不明であった。

これら七四巻にのぼる『旧事大成経』の本文は、何をタネ本とし、文中諸句の出典は何か、どの部分が偽作者のオリジナルであるのか、また、ふり仮名にみられる古代言語の妥当性など、私には検討する余裕も力もない。しかし、その刊本・写本を手にとってみて、作者の神話構成力・文章表現力にはおそるべきものがあると感嘆せざるを得なかった。

また、巻七〇の「憲法本紀」を通読して、仰天せざるを得なかった。この「憲法本紀」によると、聖徳太子は、いわゆる十七条憲法一つを制定しただけではない、実は五つの憲法を制定したのだとされ、それがすべて記載されている。

われわれが知っているのは、『日本書紀』にのべられている、推古天皇十二年四月に発布された、あの「一に曰く、和を以て貴しとなし、忤《さから》ふること無きを宗とせよ」ではじまる憲法である。『旧事大成経』では、この憲法は本来、「通蒙憲法」というものであるとする。これに続いて、六月に「政家憲法」、十月に「儒士憲法」「釈氏憲法」「神職憲法」が発布されたというのである。

さらに『日本書紀』の十七条憲法の第二条「篤く三宝を敬へ、三宝とは仏法僧なり……」は、実は一七条目にくるものとされている。「十七に曰く、篤く三法を敬へ、三法とは儒仏神なり」と『旧事大成経』ではなっている。

儒仏神三教一致の教え

聖徳太子が篤く敬うことを勧めた三宝とは仏法僧ではなく、儒仏神であったというのである。そして、「政家憲法」の一七条に、つぎのごとく載せている。

十七に曰く、政は学に非れば立たず、学の本は儒と仏と神となり。然るにその一を好むは、おのその二を悪《にくみ》て、その存することを嫉《ねた》み、その亡びんことを欲す。わが知るを理《ことわり》となし、知らざるを非とする所以なり。故に政者はよろしく三に通じて一を好まざるべし。恐くはその一を好むことを成さん者は政を枉《まげ》ん。政を枉れば、則ち王道廃《すた》れて騒動発る。

政治をとるものは、儒仏神三教調和の上に立つべきであることを簡明にのべた文となっている。また、聖徳太子は五憲法制定にともない、群卿にこう諭されたとしている。

正政の本は学問に在り。学問の本はこれまた儒と釈と神となり。これこの三法は天極《あめあひだ》の有《ありもの》にして、人造《ひとわざ》の私則《わたしのり》に非ず。皇政を道《すす》め、国家を治む、人情を正し、黎民《おんたから》を善くするの実物《まめのこと》なり。然りと雖も、其の一に通ずる者は知らざるを以ての故に、その他を非《そし》りて有《ある》に非ざるものの妄物《たはけこと》と謂ひて、互に誹謗《そしり》て、交《こも》ごも嫉妬《そね》む。学かへつて邪となり、法かへつて妄となる。これ聖を破り、政を破るの大罪なり……。

かくして、聖徳太子は三教一致論の祖として位置づけられたのである。こうしてみると偽作者たちの意図は明瞭であろう。かれらは『旧事大成経』を偽作して、天照大神の本宮は伊雑宮である、とするとともに、儒仏神三教一致の思想の宣伝に使おうとしたのである。いや三教一致の伝統に立つ伊雑宮こそ幕藩体制にふさわしい本宮として印象づけようとしたといった方がよかろう。そしてこれを世に出した潮音・永野采女は救世的宗教家であると売りこんだのである。

伊雑宮の謀略

河野省三氏は『旧事大成経に関する研究』において、『旧事大成経』の偽作目的として、

『旧事大成経』偽作の目的

(1) 聖徳太子の偉大性を高揚し、特にその思想的位置を高く確立すること。
(2) 志摩国伊雑宮を天照大神奉斎の本宮と思わしめる謀略。
(3) 神道及び神道学の綜合的組織の樹立。
(4) 日本の優秀性に対する自覚を喚起しようとしたこと。

(5)　仏教に対する擁護的努力。
(6)　根本的経典の確立。
(7)　世事（主として官職制度や道徳的慣習）の起源的説明。
(8)　徳川幕府についての政策的、思想的安定に対する寄与。

の八項目をあげ、くわしく論じている。いま、その各項目についての河野氏の所説を掲げる余裕はないが、『旧事大成経』の構想の壮大さはわかるであろう。

以上のごとき一大偽書の作成を必要とした伊雑宮の謀略とは、いったいいかなる事件であったのだろうか。その概略についてふれよう。

現在の伊雑宮

伊雑宮の歴史

志摩国磯部に伊雑宮《いざわのみや》という古い神社があることは、よく知られていることである。一般には「いぞうのみや」、あるいは「いぞうぐう」と呼んでいる。古くから天照大神の遙宮《とおのみや》といわれた。遙宮とは本宮から離れた場所にある別宮のことである。皇大神宮には一〇所の別宮があり伊雑宮はその一つである。

遙宮としての伊雑宮は『延喜式』にあらわれているが、成立の事情は不明である。祭神も天照坐皇《あまてらしますすめ》大御神御魂《おおみかみのみたま》とされているが、伊佐波登美命《いさはとみのみこと》と玉柱屋姫命《たまはしらやひめのみこと》を併《あわ》せ祀るともいわれ、祭神も明確でない面がある。

伊雑宮は奈良時代以来、神戸《かんべ》が与えられていた。神戸の負担によって神社の費用がまかなわれ維持されたのである。神事祭礼も、神戸の人々によって運営され、伊雑宮の神人といわれるようになる。武家の時代にはいって紆余曲折があったらしい。秀吉の時代には、大名九鬼氏の支配をうけるに至った。伊雑宮と神人との関係も無視され、一般領民と同じような支配をうけねばならなかった。古来、伊雑宮は、伊勢神宮と同様、式年遷宮のしきたりをもっていたが、その遷宮もできなくなっていた。神戸の系譜をひく磯部の郷民は、伊雑宮神人として武士の支配を受けない特権を誇り、さらに伊雑宮のお札を信者たちにくばる御師《おんし》としての宗教的経済活動の特権を何んとしてでも守りたかったのである。

江戸初期で神人家は二五軒という。かれらは、磯部の地は伊雑宮の神領である、九鬼の支配は神領の横領にほかならない、われら神人は世俗権力の支配を受けるいわれはないと主張する。

神領回復運動

寛永元年（一六二四）、神人たちは、江戸の中心部、日本橋通三丁目に伊雑宮を建てて、江戸住民はもとより、幕府にも伊雑宮の存在を認めさせようとしている。翌二年、神人たちは、伊勢内宮にすがって権利回復の訴えを起こし、五〇余人が神島へ流されるという処罰をうけた。

やがて領主が内藤氏にかわるや、神領復活を幕府に訴えでる。しかし、何の沙汰もない。ついに寛永十一年には、三代将軍家光の日光社参のおり、将軍への直訴を決行するに至ったという。これも握りつぶされる。神人たちは焦慮のはて伊勢内外宮をも向うにまわして、伊雑宮こそ内宮の本宮であると主張しはじめるのである。

寛文年間に至って、磯部神人たちは、本宮説を主張するために、種々の偽書をもちだし、公然と内外両宮の祀官たちに対立しはじめる。その結果、寛文三年（一六六三）、幕府によって神人四七人が追放されるに至る。世に寛文事件といわれるものである。

それでも磯部の人々の神領回復運動は、執拗に続けられる。そして延宝七年（一六七九）、『旧事大成経』四〇巻が、江戸で刊行されるのである。仰天した内外両宮の祀官たちは、伊雑宮謀計の偽書として、朝廷・幕府に処断を訴えた。かくて『旧事大成経』は、ついに禁書とされるに至った。

偽書出現の背景となる、伊雑宮謀計事件の推移の荒筋を追ってみた。この荒筋の記述は、江戸伊雑宮の箇所を除いて、ほとんどは岩田貞雄氏の大論文「皇大神宮別宮伊雑宮謀計事件の真相――偽書成立の原由について――」（『国学院大学日本文化研究所紀要』第三三輯。昭和四十九年三月）に負っている。『旧事大成経』が禁書になった事情を追跡して、この岩田論文にめぐりあい、はじめてその全貌が見えてきたのである。

『旧事大成経』の研究

『旧事大成経』が、江戸時代最大の偽書であり、神道界をゆるがし、しかも近代に至るまで、少なからざる信奉を得ていていたことなどを知ったのは河野省三氏の諸著書によってであった。河野氏は『訂正増補神道の研究』(昭和十七年)『神道史の研究』(昭和十九年)において『旧事大成経』の神道経典としての特質とその信奉者たちについてふれられ、さらに『旧事大成経に関する研究』(昭和二十七年)において、これまでの研究を集大成された。ほかにも久保田収氏の『神道史の研究』(昭和四十八年)、梅田義彦氏の『神道の思想』(昭和四十九年)第三巻に収録されている関連論文も参考としたが、伊雑宮謀計事件の真相については、岩田論文がもっとも事件資料を豊かに提示して、まさに狂喜すべき内容であった。

一日、私は伊雑宮に詣でた。そこで神官の方に、岩田論文のあることを教えられたのである。鎮まりかえった境内にたたずみ、かつての神領地域や伊雑浦をながめて、神人たちの情念を想った。具体的な調査もできずに帰らざるを得なかったが。

岩田氏は『旧事大成経』一件の結末をつぎのようにまとめている。

而して朝廷からは、二十二社に対して大成経が偽書であることを達し、幕府でも(天和元年)八月二十八日、神祇伯吉田家を通じて、諸国の神社仏閣の持てる大成経を回収せしめるよう命じたのである。

此の際回収を命ぜられた大成経の内訳は、左の通りである。

序伝一巻　目録一巻　神代十六巻　皇代廿五巻(以上四十冊)

神社本記　国造本記　天政本記　太占本記　礼綱本記　詠歌本記　経教本記　祝言本記　暦道本記　御啓本記　軍旅本記　未然本記　憲法本記

二社三宮図　灌伝　教伝　極伝

版本は回収され、出版主戸嶋屋惣兵衛は拘禁されたが、肝心の版木の破却には至らなかったから、内外宮ではこれを不服として、天和二年（一六八二）九月、大成経の焼却と版木の破却を幕府に強く訴え、翌三年九月版行の書と版木の破却が命ぜられ、版行の偽作者潮音などは流刑、版元戸嶋屋惣兵衛は追放に処せられて、此の延宝事件もようやく落着をみせたのである。

偽作者潮音は将軍綱吉の生母桂昌院の帰依を受けていたため、罪一等を減じられ謹慎五十日に減刑されたのである。

偽作者永野采女

それにしても、まだ明らかでないのが、偽作者として処罰された僧潮音、浪人永野采女両人の人物像である。かれらの「豪才強魄」、江戸時代のまっただ中で古代神話を構想するその力量、儒仏神三教の統合体系の構想は、具体的にいかなる思想体験、思考過程を経たものであるか。このような幻想体系の作為・構想は、江戸時代のいかなる精神史的状況を象徴するものであるか。これらが問題なのである。

永野采女という人物は謎につつまれた人である。大成経の偽作者とされ伊雑宮神官と伝えられたり、浪士ともされているこの人物は、河野氏が「長野采女伝」を発見し、『旧事大成経に関する研究』に収載されて、ようやくその輪郭が窺えるようになった。永野は正しくは長野らしい。

この釆女伝によれば、姓は在原《ありわら》、号左右軒。祖先は代々上州箕輪《みのわ》の城主という。武田信玄に攻められ、所々流寓《りゅうぐう》、釆女が元和二年（一六一六）上州沼田で生まれた時は、すでに父の没後だったという。幼にして穎悟敏捷《えいごびんしょう》、六歳で「大学」を読み、一三歳で「論語」を講じ神童といわれた。かれの伝記それ自体が神話的説話にいろどられている。かれの叔母が仏の教えを信じ仏舎利《ぶっしゃり》を大切にしていた。朱子学にこり固まっていた釆女が、この舎利を砕こうとしたがどこかへ消え失せた。叔母は泣いて「舎利礼文」を誦するや、舎利は天から葉上に下り光り輝いた。釆女は仏の道をないがしろにしたことを悔いて、この舎利を終生大切にした。のち舟中にある時、風浪にわかに起こり舟がくつがえらんとした。船頭がいうには、この中に舎利を持つものあらば水中に投じ竜神に奉ぜよと。釆女は舳先《へさき》に立って、人は万物の霊である、鱗虫《りんちゅう》の身をもって浄宝を奪わんとするとは何事かと大声で竜神に呼びかけた。たちまち風浪はやんだ。いかに宗教家として身を立てる者とはいえ、このような話で伝記がいろどられているのは如何であろうか。さらに夢の中でバラモン僧の竜樹の教えをうけ、また「歌の精神」が白衣《びゃくえ》の真人となってあらわれて釆女を導いたという。

神庫秘匿の古典

また釆女の家は代々物部《もののべ》の家伝を伝承したという。釆女は父の遺臣よりこれを継いだ。その書物は七十余巻から成り、深くわが国の道業《どうぎょう》を究めたものである。それは詠歌伝・軍旅伝・未然伝・医綱伝・太占伝・天政伝・暦道伝などである。ともに遠奥玄微《えんおうげんび》の書である。浅根劣機《せんこんれっき》の者は理解することはできない。このあたり『旧事大成経』の原典は、釆女の家に伝えられたごとくのべている。また釆女は、慈眼大師《じげんだいし》すなわち天海僧正に、儒仏神三教《さんごう》一致の思想を学んだという。かくて永野釆女は、神道・儒教・和学・仏教、さらに天文地理、算書医卜にいたるまで究め、人々に、衆技百芸を教えたという。またこの釆女伝によれば、かれは貞享四年(一六八七)十一月に、伊勢に赴く途次、三河吉田で一生を終った。

また、釆女伝はつぎのようにいう。わが国の真実の古典は、久しく神庫《しんこ》に秘匿《ひとく》されていて、これを知る者もなかった。永野先生が出て、十分世におこなわれたとはいえないにしても、真実の神史経教が世に広まり、この道に志のある者にうけつがれつつあるのであると。

永野釆女は、『旧事大成経』のゆえをもって罪に問われた者であるから、明確には書きえなかったが、『旧事大成経』とのかかわりを、この伝記はほのめかし、神庫秘匿の古典を世に出した人として称揚している。しかして神庫秘匿の古典とは、伊雑宮に蔵された旧記類であったのであろう。この伊雑宮の旧記類と永野釆女の家伝の書とが『旧事大成経』の原形であったのかもしれぬ。

河野省三氏は『旧事大成経に関する研究』で、潮音の事跡をつぎのようにまとめている。

偽作者潮音

潮音は肥前国小城郡西郷の人で、名を道海といふ。寛永五年十一月に生れた。禅宗黄檗派の僧として、諸方に法徳を積み、学識深く名声も高いところから、帰依の僧俗も少くなかつたやうである。……中年、上野国真福山宝林禅寺（邑楽郡赤岩真福寺、後に長柄村法林寺）に住して、法苑益々隆えたので、館林侯の請ひに応じ、万徳山広済寺を開き、師木庵《もくあん》を開山として、自らその第二代住職となつた。……然るに『大成経』一件によつて、潮音は流罪に処せられ、館林から出た将軍綱吉並に其の生母一位殿《いちいどの》即ち桂昌院の帰依の厚いところから、軽減して謹慎五十日の身となつた。その結果、広済寺は毀却《ききやく》され、潮音は、天和三年七月、同国甘楽郡の奥黒滝山に移つた。……益々深く神道に心を寄せたが、元禄八年八月廿四日、美濃の臨川寺に於て六十八歳で示寂した。……著書としては『大成経破文答釈篇』（写一巻）『十七憲法註』（一巻）『扶桑護仏神論』（写二巻）『五瀬三宮二社鎮座本紀』……等が存する（『頭註五憲法』は延宝八年三月、戸嶋惣兵衛の板行であるが、既に『大成経』を引用してゐる。或は潮音の著ではあるまいか。……）……。

岩田氏は、かねて神道に心をよせていた黄檗僧潮音が、初めて『大成経』に接したのは、延宝三年（一六七五）と考えている。采女は延宝三年に『宗徳経』を、翌四年に『神教経』を戸嶋惣兵衛方から板行したが、それに接した潮音が采女を知るようになり、両者協力して延宝八年の『旧事大成経』刊行ということになったのではないかというわけである。

偽作者と考えられていた永野采女や潮音は『旧事大成経』全部を、かれらがまったく新しく作りあげたのではなく、伊雑宮がもっていた旧記、永野采女の家伝の書などを綜合してまとめあげたのではなかろうかと思われるのである。しかしながら、その間の事情は、まだ謎につつまれ明確ではない。

偽書の流行

釈聖応の『胡蝶庵随筆』につぎのような証言がみえる。

神道書の分野では偽書と判断されるものが余りにも多い。よくよく注意深く選んで学ばなければならない。多田兵部（多田南嶺）が考証を加えて偽書と判定している書物は、神道五部の書（『御鎮座次第記』『御鎮座伝記』『御鎮座本紀』『宝基本紀』『倭姫命世記』—伊勢神道の経典）、『神名秘書』『神皇実録』『神皇系図』『神祇本源』『神皇正統記』『旧事玄義』『旧事大成経』、度会《わたらい》延佳《のぶよし》の『陽復記』などである。そのほか諸家の神道書で五部の書を引用するものも、すべて用いてはならない。山崎闇斎の垂加《すいか》神道《しんとう》の神道書にも偽りの部分が多く、信用できない……。

疑われる神道書

伊勢神宮の祀官たちが神道書の根本として重んじた神道五部の書からして偽書なのであるから、他は推して知るべきだというわけである。もっとも多田兵部が北畠親房の『神皇正統記』まで偽書としている点など、奇説をもてあそぶ感もある。また、右の文中では本来の意味での偽書と、偽書を用いていて偽りの部分が多い書物とを区別しないで書いてもいる。しかしともかく、神道関係の書が多く疑いの目で見られていたのである。本居宣長も『玉勝間』巻の二の中に、

すべて近き年ごろは、さるいつはりぶみをつくり出るたぐひの、ことに多かる、えうなきすさび

におほくのいとまをいれ、心をもくだきて、よの人をまどはさんとするは、いかなるたふれ心にかあらむ。よく見る人の見るには、まこといつはりは、いとよく見えわかれて、いちじるけれど、さばかりなる人は、いと〳〵まれにして、えしも見わかぬものゝみ、世にはおほかれば、むげの偽りぶみにもあざむかれて、たふとみもてはやすなるは、いとも〳〵かたはらいたく、かなしきわざ也。

といって、あまりにも多い偽書と、それに惑わされる人の多いのにあきれている。もっともこの『玉勝間』でいっている偽書は、文学書の偽書である。古典文学の書にも偽書がでまわっていたのである。

系図作りの活動

江戸時代に偽書がでまわったのは、神道や文学関係の書物ばかりでない。偽りの系図を作ることを商売とする者がいた。偽りの軍記物を作って人の祖先の功績を記入して売る者もいたようだ。自分の祖先の功績を入れ己れを誇る者もいる。さらには、武家故実の書物を作りあげて高く売って儲ける者もいる始末だった。

享保期の武家故実家、日夏繁高《しげたか》の『兵家茶話』（享保六年〔一七二一〕序）に系図作りの専門家のことがでている。

近世系図作りという者がいて、諸家の系図を妄作する。これは浅羽氏に始まり、松下重長などが聞えている。また、佐々木玄信という者もいる。盲目の人で、諸家の系図を記憶していて、望みにまかせて作る。

江戸駒込に住む儒者で二山義長《にやまよしなが》という人がいた。元禄の頃である。ある時、玄信と話していて事は系図のことに及んだ。義長は「自分の妻は垂水某《たるみなにがし》の娘だが、垂水氏は伊勢の国司に仕えた者だと伝えられているけれど、記録も残っていないので、いかほどの領地をもっていたのかも不明である」と残念そうに語った。玄信がいう。「かつて伊勢に、垂水河内守広信という人がいて、朱子が注をつけた四書を信奉して、万里小路《までのこうじ》藤房卿に呈上したことがある。のち『嘉文乱記』を述作している。これらのことは〝長済草〟という書に詳しい。記憶せられよ。誦《よ》んで聞かせよう」と書物を読むように少しの滞りもなく始めから終りまで誦んだので、義長はすっかり感心して、「いま一度よんで下され、手書《てが》きしたい」という。うなずいた玄信は、また始めから誦んだ。義長はこれを全部手書きして秘蔵していた。

京都の藤井蘭斎《らんさい》（『先哲叢談《せんてつそうだん》』には懶斎《らんさい》とする）は、義長の同門の友人であった。ある時、蘭斎に、あの〝長済草〟を送った。蘭斎はその著『国朝諫争録』に、〝長済草〟を引用して垂水広信のことを載せた。この『国朝諫争録』が世に広がり、会津の人が書いた『日本通記』（長井定宗著、元禄十一年）、摂州大坂の人の著『和漢三才図会』（寺島良安著、正徳三年序刊）、跡部光海の『南山編年録』（正徳三年序）に広信のことが書かれている。

しかし、垂水河内守広信という人は、古記録・実記の類には、かつて見当らない架空の人物である。玄信の〝長済草〟が実記と思われ、諸書に引用され、天下におこなわれている。「一人伝《ひとりきよをつたふ》レ虚《れば》則《すなわち》天下《てんか》悉《ことごとく》伝レ虚《きょをつたふる》」というのは、蓋《けだ》しこの事か。玄信はまた佐々木感信とも名乗っている。幾度も名を変えた者だということだ。

自分の祖先を捜している人に逢うと、たちまち口から出まかせの書物をいい、内容を語って、その家の系譜を作ってしまうとは、ひどいペテン師である。この佐々木玄信という系図作りのことは、日夏高繁が『兵家茶話』に書いてから、識者の間で有名になり、伊勢貞丈の『安斎随筆』、原念斎の『先哲叢談』、茅《ち》原虚斎《はらきょさい》の『茅《ち》窓漫録《そうまんろく》』などにも引かれている。

偽作者須磨不音

伊勢貞丈は、享保のころの須磨不音《すまふおん》という偽書作りを、くり返し罵倒している。貞丈によると、この不音なる人物は、元は水野監物に仕えていた加藤仙庵という者で、殿の御前で古戦の物語りをしていた人。浪人して須磨不音と名乗って江戸青山に住み、偽書作りに勤《いそ》しんだという。これだけでは、その人間像はつかみえないが、不音の偽り作った書をあげると相当学のある人物のようだ。すなわち『安達藤九郎私記』『扶桑見聞私記』『享保改撰系図』などを作ったという。『扶桑見聞私記』は全八〇巻の大部の書物で、もとの名を『大江広元日記』という。大江広元といえば、源頼朝に招かれて鎌倉幕府の公文所（のち政所）の別当となった人物。また、北条執権政治確立にも力のあった人である。こうした歴史上の有名人物の日記を作って、本物として売るのだからすさまじい。これを長州藩主毛利宗広がとがめ、将軍吉宗が、側近の学者成島道筑《なるしまどうちく》（奥坊主）に鑑定を命じた。道筑はこれを偽書と判定したのである。かくして『扶桑見聞私記』は禁書となった。

さらに貞丈は、林家の門弟の平山素閑《ひらやまそかん》という者も怪しからぬ書物を作っているとしている。『前太平記』『石田軍記』などが素閑の著書だが、自作を多く加え時代不相応の記述となっている書物だとしている（『安斎随筆』）。

こうした戦記物の偽書の横行は、幕府にも責任の一半がある。幕府がしばしば大名・旗本たちに、家の系図・由緒書《ゆいしよがき》などを提出させるものだから、祖先の名を作り、功業を偽る諸家が多かったのである。偽書作り、偽系図作りも武家方の家に出入りして商売になったのである。

徳川家の系図からして偽りに満ちたものであったことは学界の一致して目するところである。

偽作者沢田源内　偽書作りの連中の中でも、傑出した偽作家は何といっても佐々木氏郷《うじさと》を名乗った沢田源内なる人物であろう。

『重編応仁記』（宝永八年刊）という戦記物の刊本をめくっていたら、本文には何の関係もない、偽書作りを攻撃する文が目についた。攻撃されているのが佐々木氏郷こと沢田源内である。

その文にはつぎのようなことがのべられている。

このごろ、京都の客人が、つぎのようなことを語った。

「伝え聞くところでは、佐々木高頼《たかより》（室町後期、近江南半国を領した守護大名。一四六二―一五二〇〈永正十七〉）の一男に近江守近綱《ちかつな》（一名氏綱）という者があったが、永正十五年七月九日に卒去した。近綱の弟弾正少弼定頼《さだより》が家督を継いで、その子大膳太夫《だいぜんだいぶ》義賢《よしかた》（のち入道して承禎《じようてい》と称した）に至った

（この義賢が信長に降伏し、各地を転々として、六角氏は滅亡した）。近綱に子孫がないことは古記によって明白である。ところが、近世寛文のころに佐々木氏郷と名乗る者がでてきた。この者の父は仁左衛門といい、近江の堅田郷の土民である。かれは子の氏郷（実は沢田源内）を幼年のころから比叡山へ入れ、ある寺の住僧に仕えさせた。その僧は氏郷を愛して召使としていたが、氏郷は利口もので常に書物を読み、また書物を写すことを好んだ。成長するにしたがって記憶力が旺盛で、弁説も人に勝《まさ》り、容貌も威儀気品がある。立居ふるまいも優美である。普通の土民の子とは見えず、人々は貴人の出だろうと噂した。ところがこの氏郷、よこしまの心の持主で巧《たくら》むことは大胆。四方を遊歴していうことには、自分の祖先は、近江の守護で源氏の流れをくむ佐々木氏綱（近綱）である。まぎれもない佐々木家の正統であると偽り、自ら六角兵部《ろくかくひょうぶ》と号し氏郷と名のったのである。しかも佐々木六角家の系譜を偽り作って自分の名前をその末に書いた。これをもって諸侯に仕えようと画策したが、結局、仕官は不成功に終った。晩年になってかれは京都のある僧房に隠れ住んで、召使を二―三人も置いて、いかにも古家貴人の落魄《らくはく》して隠棲している様子をし、名も中《なか》務大輔《つかさたいふ》と称していた。事情を知らない者はこれを憐んで恵みを施す者もあった。しかし真実を知る者は笑い嘲《あざけ》っていたのである。かくして年月を送っていたが、洛中の僧永月《えいげつ》という奸人《かんじん》が、古画墨跡の偽物を作り、いつわり売って、自分で法橋《ほっきょう》と号し狩野《かのう》氏を名乗っていた。京都町奉行がこれを聞いて糺明し、ついに永月を捕えて粟田口《あわたぐち》において磔《はりつけ》に処した。これにより、ほかにも官位を偽称する者はきびしく糺明された。氏郷も大いに驚いて、中務省の長官の称である中務大輔の称をひっこめ、毎日薄氷をふむ思いで隠れ住んでいた。しかしともかく危い命をながらえ、元禄の初め、ついに病死した。行年七〇ばかりであったという。この氏郷の著わした書物は、刊本『江源武鑑』二〇巻、『大系図』三〇巻、『倭論語』一〇巻、写本は『浅井日記』二巻、『関原軍記』六巻、『勢州軍記』二巻などである。これらの書物の中に、自分の先祖と称する者の事跡を事実らしく作って書き載せたのである。大奸物《だいかんぶつ》というべき者ではないか。旧記と称して偽作することは、世人にとって、その害ははなはだしいといわねばならない」と、このように客人がいう。自分も答えた。「氏郷のことは自分も聞いていた。偽書を作る輩《やから》は、氏郷だけでない。そもそも天下太平の今の世の諸侯諸士はむかしの名将・名士の後胤でない者は少ない。それぞれ諸家は先祖の事跡の古記・実録を伝え所蔵してきている。精粗はあるというもののその遺跡は彰々と明白である。それらに関しては家の貴賤大小にかかわらず江戸城に資料が集められ談論して正してきている。むかしの証拠文献は江戸城に集められ旧記の真偽是非はすべて判明するのである。しかるに近年、地方の浅はかな者が幕府に証拠がそろっているのも知らずに、あるいは知っていても憚らずにやるのか、不学浅識にもかかわらず、みだりに不正の旧記を作って虚誕憶説《きょたんおくせつ》を交じえ、偽りの書物を刊行し、秘書と称する書本を売広めている。これも世人にとってははなはだしい害悪であるといわねばならない。どうして氏郷に限ることであろうか」と。客も、そうだとうなずき同意したのである。以上、宝永三年の春三月に記すものである。

ところで、国立公文書館所蔵の『大系図評判遮中抄』なる書物にはもっとくわしく佐々木六角氏郷こと沢田源内のことが語られていた。

沢田源内の正体

この書物は建部賢明《たけべかたあきら》の著である。『新撰大人名辞典』によって検すると、賢明について、こう説明している。

和算家。幕臣。弟の賢弘《かたひろ》とともに関孝和《せきたかかず》に数学を学ぶ。この兄弟は、師孝和と協力して『大成算経』を編述したが、賢明の力が大きかったという。正徳五年（一七一五）、『建部氏伝記』二巻を著わし、翌正徳六年二月、五七歳で没。

試みに『寛政重修諸家譜』をみると、建部氏は宇多源氏、佐々木庶流とある。建部賢明は、佐々木氏郷を名乗ってその正統を偽称した者のあるを憎んで、克明に調べあげたらしい。そして、つぎのようにのべている。

『大系図』三〇巻は、奸賊六角中務氏郷が、古い伝承に偽りをしくんだものである。この氏郷は、近江国で血筋も知れない土民である。父は沢田喜右衛門といい、坂本の雄琴村で、わずかの地を耕作していた農夫である。武蔵国忍《おし》の城主阿部豊後守忠秋が、正保四年（一六四七）、加増の地を近江国に賜わった時、喜右衛門は、阿部家の役人某の下司となって名を武兵衛と改め租税のことに関係するようになった。喜右衛門改め武兵衛は才覚のある男であったから、やがて出世して阿

佐々木氏系図（『寛政重修諸家譜』による）と源内偽作部分

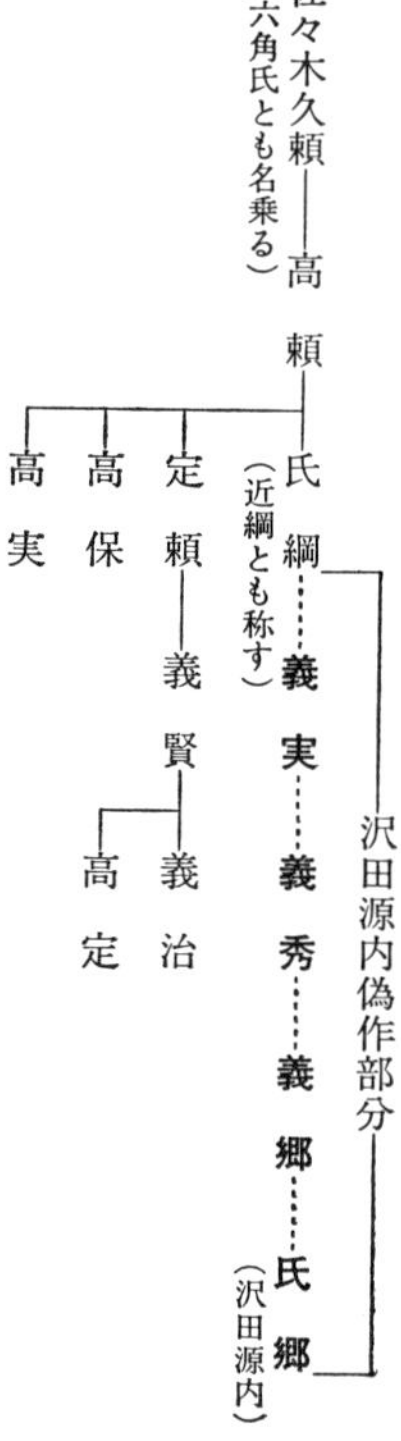

部家の代官となった。

すでに武兵衛は、同じ雄琴村の百姓和田勘兵衛の娘成という女を娶《めと》って子を生《な》していた。その子の名は喜太郎。下民の子ではあったが、容貌の勝《すぐ》れた子で、幼い時から青蓮院尊純法親王《しょうれんいんそんじゅんほっしんのう》に差出され、禿童《とくどう》（小坊主）となった。門主はこれを愛していつもそばに置いて召使った。喜太郎は、天性強記にして、書籍を誦し、又筆法にもかしこく、詩文をも学んだ。しかし、その性質が邪《よこしま》で欲深く、銀の食器を盗んで売り、青蓮院を追われた。この悪事をかくして旧里に帰り、山伏の姿となって、門主尊純法親王から〝尊〟の字を賜わったといって名を尊覚と号した。父武兵衛はこれを叱って名を改めさせたので還俗して沢田源内と号した。その後、東福門院の家司天野豊前守長信に仕え、さらに飛鳥井一位雅章卿にも仕えたが、その命に背いて牢籠の身となった。身分を偽って貴族といいたてて身を立てようとし、六角佐々木の正統と称して、名を近江右衛門義綱と改めた。偽って六角定頼の長子（実際は定頼の甥と偽った）として大膳大夫義実という人がいたことにし、その子修理大夫義秀、さらにその子右衛門督義郷と、三世を新しく佐々木の系図中に加えて、これらを自分の父祖としたのである。そして実在の義賢（六角定頼の子、源内作成の系図では義実の従弟）を義秀の後見であったとした。源内の父武兵衛はこれを聞いて大いに驚き、後難を恐れて固く源内をいましめ、これを叔父和田の家にあずけて自分は忍に下った。その後、源内は従弟の畑源左衛門という遊民のもとに隠れて、自ら作った架空の人物、六角義実・義秀・義郷らの事跡を造り、旧い記録の中に増補したり、新しく偽書を編作してその虚伝を世に広めた。父武兵衛は源内の行為を憎み恐れたが、遠く離れているのでどうすることもできない。ついに源内を義絶したが、やがて忍で病死、二男の沢田権之丞が父の跡をついで阿部氏に仕えた。

承応二年（一六五三）のころ、源内は江戸に来て、佐々木の正統、近江右衛門義綱と名乗って、中山市正正信にとり入って、水戸侯頼房卿に仕官しようとし、自ら作った偽系図を献じた。頼房卿は、その系図を東叡山宿房の吉祥院の僧を介して、まことの六角氏の正嫡佐々木源兵衛義忠に鑑定させたところことごとく偽作であることが明らかとなった。佐々木義忠は、源内の行為を正統を乱すものと怒って主君本多美作守忠相に申上げ、沢田源内の処罰を久世大和守広之（寛文三年〈一六六三〉～延宝七年〈一六七九〉老中）に訴えたので、源内はあわてて江州へ逃げ、名を六角兵部氏郷と改めて、ほとぼりのさめるのを待った。遠国のこととて、さほどの咎めもないのをいいことに、源内は偽作の義実・義秀・義郷三世を実と見せるため、数人の共謀者に加えて、寺僧・神人らを語らい、天文六年から元和七年までの八〇余年間の佐々木家の日記を偽作して二〇巻とし、『江源武鑑』と名づけて刊行した（この書は明暦二年〔一六五六〕刊。このあたりの記述は時代前後している）。

源内偽作の書物

その後源内は京にでて、また名を中務《なかつかさ》と改め、偽系図で人々をだまし、それを実らしく見せるため、『尊卑分脈《そんぴぶんみゃく》』の系図の要点を利用して『諸家大系図《しょかおおけいず》』一四巻と号して虚名妄説を書きそえ、さらに諸氏の家伝を拾い集めて書き載せ、全部で三〇巻に仕立て、『大系図《おおけいず》』として刊行した。そのほかに、『倭論語《わろんご》』『足利治乱記』『浅井日記』『異本関原軍記』『異本勢州軍記』なども書いて虚説をのべたのである。……

『倭論語』一〇巻が沢田源内の著であるとすると、源内すなわち自称佐々木氏郷が、自らの存在を確かな素生の者と思わせ、世にも傑出せる者であることを示すために著述したものということになろう。国立公文書館に蔵されている一本の奥付には「寛文九己酉稔閏陽月良辰日　埜田弥兵衛」とあって、京都でも有力な書物屋に刊行させていることがわかる。

序には「後鳥羽院の御代に、穀倉院《こくそういん》の別当清原良業《きよはらのよしなり》が詔勅をうけて、倭字をもって、神々の神託、聖帝の金言、公家武家の忠言、貴女の至言、釈子《しげん》（僧侶のこと）の芳言を記録したものである。上皇がこれをご覧になって、この書は本朝の論語であるといわれたので、以来、人はこれを倭論語というようになった」としている。そして、清原良業以下、清原家代々一四名が「達人の名言」を加え、さらに細川藤孝（幽斎）・洛東山隠士長嘯子らが完成させたものとしている。長嘯子とは豊臣秀吉の奥方ねねの甥勝俊《かつとし》の隠棲後の名である。最後に、長嘯子名の跋がついている。
内容は、天照皇大神宮の神託と称する文からはじまって、神々の神託、天皇・親王らの勅言・賢言、さらに序文にあるごとく、歴史上に名の現われている人々の人生あるいは政治の指針となる言葉と称する文をならべている。登載人物（神託件数も含めて）実に八九一名。そして「武家部」の中に、佐々木氏郷とその先祖たち、つまり沢田源内偽造の人物たちを登場させて、気のきいたことを言わせているのである。

たとえばつぎのような人物とその言葉が記されている。

源龍武丸《たつたけまろ》九才の時、磯野丹波守秀昌始ハ号二亀寿丸一甥磯野善兵衛と云もの。三光を鳴うぐひすを取て籠《かご》に入てまいらせければ、心ざしはうれしけれとも、さりなから人をゆへなくとらへて籠《ろう》に入、それにうたひなどうたハせて聞にことならず。たゞ鶯ハ竹のはやし、又ハ梅の枝などにとまりゐて、をのれをなくこそおもしろけれ。かごの内にゐて外をおもひ、なげきのこゑを聞てハなにかせんとて、磯野がかへりて後、めのとにはなさせ給ひしとなり。此事を近衛関白信尋公聞給ひて、ふかく感じ給ひ、皇聞にも達し給ひしとなり。此人成長の後、自然智を得て才徳ふかき人なりといひし。

六角源ノ義郷朝臣入道台岩公ノ男也。始ハ号二亀寿丸四郎主一（ママ）元和九年春元服依テ二永補ニ一従五位上氏郷。

つまり、この文は六角佐々木氏郷こと沢田源内が自分のことについて偽りの紹介をしているのである。

この『倭論語』の板本は大型の美しい製本だが、校正不行届きのようで、右の文中一行目「始ハ号二亀寿丸一」は源龍武丸に付くものである。それにしても、このありふれた鶯の話が天皇まで聞えたと権威づけているあたりは笑わせるではないか。

氏郷の父を、六角源義郷と書いているが、この義郷については、こうでている。

源義郷曰、夫理《り》と云ハ天なり。理にそむくものハ天にそむくなり。天にそむけるものハ貴賤となく、かならずほろぶなり。

関白秀次公、義郷朝臣の亭に遊興の時、秀次公曰、我天然として物を不レ忘と。世人毎《ひとごと》に能《よく》ものを忘るゝもの多しと有し時、義郷曰、君大に物を忘れ給ふ。今世の万民大きにくるしめり。上には遊乱して大名・高家おごりて民をくるしむること、古今にたぐひなし。然ハ君は天下の父母、国主ハ其国の父母なるに、親として子のくるしミを忘れ、旦夕《あさゆふ》善つくし美つくしぬるハ、君第一の物忘にあらずやとあれバ、秀次公赤面におよび給ひぬ。

（源義郷ハ）前将軍義昭入道昌山ノ養子トシテ継ク二足利家ヲ一後ニ有二昌山ニ実子一。干レ時依テ二秀吉公ノ命ニ一復ス二本姓六角ニ一。従四位上右少将。慶長二年八月、依テ二昌山之御事ニ一解官。号ス二台岩入道ト一。元和九年七月九日薨ス。四十七。号ス二源光院ト一。或人ノ曰、此人依テ二勅命ニ一六角ト足利ト両家相続云々。

佐々木氏郷の父義郷は勅命によって六角と足利の両家を相続したとは、また思い切った偽言ではないか。

信奉された偽書の思想

かくして『旧事大成経』を偽作したかどで潮音や永野采女らは処罰され、沢田源内をはじめとする偽書作り、偽系図作りの者たちは嘲笑され指弾されるのであるが、共通しているのは、偽りを真実らしく見せるために、かれらの著作はいずれも膨大なものとなっている点であろう。『旧事大成経』は七四巻、沢田源内の『江源武鑑』は二〇巻、『大系図』三〇巻、『倭論語』一〇巻という大部のものであり、須磨不音の『扶桑見聞私記』も八〇巻にのぼる大作であった。かれらは、こうした偽書作りをしている間に、かれら自身の文才や編纂能力も鍛えあげられ、思考が体系化していくという面もあったであろう。後世の人を信服させるだけの内容にもなっているのである。

とくに『旧事大成経』には熱心な信奉者がいた。河野省三氏は『旧事大成経に関する研究』で、『旧事大成経』の信奉者、祖述者についての検討をも深め、つぎのような人々の場合を紹介している。

依田《いだ》真鎮《さだかね》……江戸の神道家。偏無為《へんむい》と号した。享保の前後に『旧事大成経』に私淑し、儒仏神三教の修養を深め、この書の注釈敷衍《ふえん》の著述を残し、神道界に知名の者となった。かれの『旧事大成経』注釈敷衍の書は一三〇余巻にのぼるということである。

黒田直邦《ただくに》……上野国沼田侯。西丸老中にもなった。瓊山子《けいざんし》と号し『旧事大成経』の聖徳太子五憲法制定を信じて、享保十九年(一七三四)『和字五憲法』を著わし広めた。
僧大我《たいが》……浄土宗の僧。かれの著書はいずれも『旧事大成経』の本文を引用している。たとえば『三彝訓《さんいくん》』(宝暦七年または八年刊)は『旧事大成経』のなかの「憲法本義」「聖皇本義」を引いて儒仏神三教一致の思想を展開している。

そのほか多くの信奉者がいるのである。『旧事大成経』にはそれなりの学問的思想的魅力があったからであろう。しかも八代将軍吉宗の信任をうけた黒田直邦が熱烈な信奉者であったというのだから、享保の時期には、最早、禁書というにはおよばない状態であったのであろう。もちろん、伊雑宮を本宮とする部分の刊行は厳禁である。しかし三教一致の思想それ自体が幕藩制をささえる思想として時代に適応するものだったから、この部分の祖述は自由だったのであろう。

思想家としての沢田源内

沢田源内の『倭論語』は、石田梅岩にはじまる心学者たちによって、通俗的訓戒の書として尊重されている。梅岩の『斉家論《せいかろん》』(延享四年〈一七四四〉刊)に『倭論語』のなかの「比咩《ひめ》大明神の御託宣」が引用され、手島堵庵の『児女ねむりさまし』(安永二年〈一七七三〉刊)にも「よにあれば人もあつまりきたれどもをちぶれぬればとふ人もなし」という歌が引用されている。偽書よ妄作よといわれながら、沢田源内が古人に仮託して作った名言は、石門心学の中に流れこんでいる。それにしても、もっともらしい名言がならんでいる。偽作であるがゆえによくできているといえよう。神武天皇の勅《みことのり》というのが挙げられている。

夫《それ》人に生れて、よろこび、いかり、あはれミ、たのしミ、この四つの事あり。此四事《よつのこと》のいまだおこらぬ、是を人身《にんしん》の神徳といふなり。四のものおこりてのち、よろずたがはぬを一徳といふなり。事に渡《わた》りて物にかなひ、おさめて大空《おほぞら》の如し。これ世界ひらけて千万に分る事、あめつちとかぎりあらじ。

あるいは源頼朝の言として、次のものがみられる。

うまるゝも一寸、しぬるも一寸、善悪の間も又一寸なり。是をしるものハ乾坤《けんこん》に自在を得るなり。万《よろづ》の事みな〳〵一寸なる事を知べし。

こうした訓戒の言葉を、一一二柱の神、六三人の人皇・親王、七一六人の公卿・武家・貴女・釈氏（僧）に言わせているのである。このように多くの言葉のなかには実際にそういったということもあるようだが、ほとんどは偽作なのである。あるいは儒学の書物からとってきたのであろう。仮託の言といってもよい。沢田源内の強才また畏るべきものがあったといってもよいであろう。

偽書作りに励んでいる、潮音・釆女・源内らの執念の姿を想像するともはや嘲笑することもできなくなる。その出発点において不純なるものがあったとはいえ、膨大な偽書を作っている間に、かれらなりの思想的武装、学問的発展を示していたのである。この問題は思想としての偽書、仮託の書という新しいテーマへと誘うものであろう。なお、『旧事大成経』の研究者の間では、潮音・釆女に源内が加わって、この大偽書が作られたのだとの推測もなされている。かれらの人間的結びつきの具体的なあり方も解明したいものである。

徳川こそ系図詐称

一方、偽書は、かれらだけの問題ではない。先にものべたように、徳川家、諸大名・旗本連の記録・系図類も偽りに満ちたものが多かったのである。まして戦記物の写本などは偽りだらけであった。徳川系図では、徳川は清和源氏の嫡流で、上野国（群馬県）新田氏の支族なのだということになっているが、なんの根拠もないことである。徳川家からして系図詐称なのである。家康時代のことについても偽書が多く、この時代のことを研究するには、まずどれが偽書・偽文書であるかを見定めることからはじめなければならない。偽書かどうかを検討するには、一定の手続きをふんでいけば見定めることもできよう。しかし、誰が作ったのかということになると、なかなか考証はむずかしい。しかし、これも興味ある問題で、これから追求されねばならないことである。

偽書の横行については、新井白石も注目し、警戒していた。たとえば、土佐山内家の臣、近習番頭一五〇石の寒川儀大夫宛書翰（『新井白石全集』第五）には、つぎのようなことが見えている。

『南方紀伝』は近代の偽書である。日本史の史料としては用い難い。……『南朝紀』『南朝事蹟』という書物は知らないが、それも偽撰の書であろう。『桜雲記』『吉野拾遺』なども偽書であって日本史に用いることはできない。『南木《くすのき》武鑑』は聞いたことがなかったが板行されている由、これもまた偽書と考えられる。……

『三河後風土記』は実記とは見えないので家康公の事跡考証には採用できない。作者は平岩主計頭親吉《ひらいわかずえのかみちかよし》とある。『徳川歴代』も作者は大須賀五郎左衛門康高とあり、康高の漢文の序文が付せられている。親吉・康高が活動した時代にどうしてそのような書物を著わす暇があるだろうか。両将も武功の勇士、文字など書けなかったであろう。いわんや漢文の序文など書けるはずがない。両将ともその跡は断絶している。それをいいことに近代好事の者が両将に名を託して作ったものと考えている。

『松平開運録』は浄土宗関係者からでた二冊の板本のことであろう。先年ざっと目を通したが、これも用いることはできない（白石は板本の『松平開運録』を見たとしているが、この書に板本のあるのを聞いたことがない。白石の思い違いであろう）。この書で家康公時代のことを考えたならば、大坂の陣で手柄をたてたのは増上寺の本尊黒尊仏一体ということになり、この戦いに出動した三〇万の軍の中には有功の者一人もいないということになってしまうであろう。

大道寺友山の『岩淵夜話』は実録と見える所があるので、少しは引用している。……

右の文中で白石がふれている『三河後風土記』『徳川歴代』『松平開運録』（『松平崇宗開運録』に同じ）は、いずれも書本の禁書の部にはいるものである。『岩淵夜話』も家康について書いたものであるから禁書である。

白石はまた、進藤夕翁なる人物宛の手紙に「江源武鑑と申書は六角兵部（沢田源内のこと）作、大なる偽書之由承知仕候」としている。

『三河後風土記』や『徳川歴代』など家康の事跡の書を偽作したのは誰かわからぬが、その記述の中には、偽作をした者の祖先の功績をさりげなく書き現わした箇所があるのであろう。具体的にその箇所はどこか、そこまでは確かめられてはいない。

偽書横行の時代

小宮山楓軒（水戸藩士、天明三年彰考館員、藩主侍読、寛政十一年郡奉行）は、その随筆『楓軒偶記』に、師の立原翠軒（天明六年彰考館総裁）からもらった、伊勢貞丈選の「偽撰の書目」を写している。

大成経	本朝通紀	十二巻弘安礼節	前太平記
前々太平記	三十巻大系図	扶桑見聞私記一名大江広元日記	和論語
足利治乱記	大友真鳥実記	浅井日記	異本関原軍記
異本勢州軍記	江源武鑑	江陽屋形年記	中古国家治乱記
異本難波戦記	三河後風土記	武家高名記	倭州諸将軍伝
浅井始末記	日本将軍伝	諸家興亡記	東海道駅路鈴
本朝諫諍録	鴨長明四季物語	武家評林	満仲五代記
源平太平記	源氏一統志	頼朝一代記	鎌倉三代記
鎌倉実記	鎌倉九代記	義仲記	北条九代記

時頼記　南朝太平記　南方紀伝　義経勲功記
三楠実録　義貞勲功記　楠兵庫巻　楠知命抄
楠家伝七巻書　楠一巻書　楠桜井巻　楠千早問答
楠法令巻　恩地左近太郎聞書　残太平記　続太平記
諸将勲功記　小栗実記　赤松軍記　和州諸軍記
予陽盛衰記　西国太平記　中国太平記　北国太平記
七国志　本朝三国志　北条太平記　九州諸将軍伝
南海治乱記　四海太平記　越後軍記　明智軍記
浅井軍記　浅井物語　土佐軍記　佐々軍記
天正軍記　朝鮮太平記　朝鮮軍記　続撰清正記
諸家前太平記　諸家高名記　蒲生軍記　新編東国太平記
甲越戦争記　石田軍記　筑紫軍記　（以上八三点）

これらの書物には、史料批判の徹底によっては、一部に真実の箇所もあるとか、いかに博覧の貞丈の選定とはいえ、これを鵜のみにするのはどうかと思うが、かくもおびただしい偽書が横行していたのが江戸時代前期なのであった。もちろんすべて江戸時代前期に作られたわけではない。中世以来のおびただしい偽書が、この時代までに蓄積されてきているのである。

しかし、この貞丈の目録でももれている偽書がある。三上参次は、徳川創業を論ずるに当たって、つぎのものはみな偽書または俗書であるから、史料として使われていないものとして、

東栄鑑　弘関大統記　徳川歴代　参河後風土記　十八公記　縁山秘録　村越伝記実録　徳川御由来記　廓山大坂供奉私記　大河内家記　江源武鑑　信玄全集

をあげている。さらに三上は、『東照宮御遺訓』(これも書本の禁書である) と称する書物が多くあり、書名より考えればもっともらしいものだが偽物であるとしている(『江戸時代史』)。ところが、三上の示した一三点の偽書のうち『三河後風土記』と『江源武鑑』は貞丈の「偽撰の書目」にはいっているが、あとははいっていない。これはいったいなぜだろう。三上のあげた書物を貞丈は偽書であると見ていなかったのであろうか。そうではあるまい。貞丈は偽書ないしは偽りの多い書物だと知っていたのである。家康や大名祖先のことがでてくる書物について偽書であることをあげつらうのをはばかったのである。室町戦国時代の偽書、民間庶人の偽書・偽系図を嘲笑し指弾するが、時の権力者たちのそれには口をつぐむ、これが支配階級内の学者のとる態度だったのである。

幕閣もまた、将軍家・諸大名に関する書物には偽りの多いことを知っており、民間庶人の批判をうけることを恐れていた。この点からも、将軍家のこと、人の家筋・先祖のことを書いた本の出版、書本の売買を禁じなければならなかったのである。

あとがき

この本は、宮武外骨の名著『筆禍史』を範とし、さらにそれを超えることを願って書いたものである。『筆禍史』の初版は、明治四十四年の五月に刊行され、大正十五年九月に増補改訂版がだされた。私の手元にあるのは昭和四年一月刊、改訂増補版の第五版である。実に迫力ある内容である。権力と対抗し、罰金、投獄にもめげず言論活動に邁進していた外骨の作品だからこそ、範とするに足るものとなっている。外骨の活動ぶりとその人物像を、吉野孝雄氏の『宮武外骨』でくわしく知り、たいへん感銘をうけた。

私がこの名著『筆禍史』を手にし知的刺激をうけつつもう二〇年以上にもなる。一〇年ほど前から、どうすれば、この作品を超えうるかを考え、資料を集め、そして江戸時代の前半期についてまとめえたのがこの本である。

外骨の仕事を超えるには、第一に、外骨の『筆禍史』と同じような記述スタイル、つまり編年体記述をとりつつ、より多くの事例発掘につとめ、より確かな考証を加えていくことであろう。この作業は大いに魅力がある。しかし、最近の江戸時代文献に関する書誌的研究は、たいへん精緻になって、異本の比較検討などまで十分にしないと研究の体をなさない状況である。編年体の踏襲では、いつになったら完了するかわからないのである。

第二の超え方は、これまで捜索した資料をもとにして、筆禍事件の顚末、禁書の内容、作者の人物像を観察して、この時代の文化現象の動向・特質を考察していくことである。この第二の方向でまとめたのが本書である。

しかし、執筆作業は予想外にたいへんであった。とくに禁書の作者たちの人間像がなかなか見えてこない。殺され、あるいは自由を奪われ、活動のはばたきを抑えられてしまったのが禁書の作者たちである。かれらは創造の体験を語りえない境涯におとされた人たちである。謎の部分の多い人たちばかりであった。しかも、この研究では、かれらが活動した現地に行っての調査が欠けているのが痛い。潮音の上州における活動、沢田源内の故郷近江堅田あたりでの動静について、現地には何らかの痕跡があるにちがいないのだ。現地のかたがたのご教示にあずかりたい。

これまでの、すぐれた研究業績の継承の点でも欠けるものがある。英一蝶に関するくだりでは、書きあげてから、小林忠氏の「英一蝶伝」(『国華』九二〇号所収)のあるのに気がつく始末であった。この小林氏の論文は実に行きとどいた一蝶考証を展開している。あわせてお読みいただきたいと思う。仏師民部や一蝶のことを書いてあるという小宮山昌世の『竜渓小説』が、実は一冊だけでなく昌世の随筆シリーズで、その中に民部や一蝶のことを書いた「民蝶半記小伝」というのがはいっているのだと教えられたのも、この論文によってであった。どうりで国立公文書館の『竜渓小説』をいくらめくっても一蝶のことは何もでてこないわけだ。

参考とさせていただいた文献で、本文中に記さなかったものを、ここにあげておきたい。まず、郡上騒動関係で、岐阜県立郡上高等学校郡上史料研究会の『郡上藩宝暦騒動の基礎的研究』にたいへんお世話になった。また、早川杠一郎氏『うずのひろがり』、大賀妙子氏「郡上藩宝暦騒動の政治史的意義」（津田秀夫氏編『近世国家の展開』所収）をも参考にさせていただいた。また、禁書の一つ一つの別称や所在を確かめたりするのに、岩波書店刊『国書総目録』の世話になった。この目録は、江戸時代の書物の研究に、いまや絶対的な威力をもっている。この目録からうけた恩恵ははかり知れない。中央公論社刊の『未刊随筆百種』『燕石十種』そのほか、吉川弘文館刊の『日本随筆大成』、そのほかの江戸時代人士の随筆叢書の類も、資料源として大いに利用させていただいた。記して謝意を表する。

書物の生産・流通・統制を通してみた江戸時代文化の研究は、まだまだこれからである。筆禍および出版・販売統制の実態研究も、緒についたばかりである。記述の中に入れるべき事件であっても、筆禍の事件内容がよくわからぬ場合や、禁書指定の書物でも記述の流れの都合で省略したものが多々ある点をご了解願いたいと思う。あらためて気づいた点、新発見の事実等があれば、『続江戸の禁書』を執筆する時に入れていきたいと思っている。識者のご教示を切に請うものである。

なお、本書の問題にかかわる、江戸時代の書物の出版・流通、出版業者の実態などに関しては、別に『江戸の本屋さん』（ＮＨＫブックス）で概説したので、参考にしていただければ幸いである。

ところで、本書でのべたことは、西山松之助先生の主宰する江戸町人研究会で、おりおり発表したものであり、会員の皆さんの助言でここまでまとめえたものである。会員の皆さんに厚く感謝の意を捧げる。

最後に、本書に引用した史料のうち、読みにくいと思われるものは読み下し文に改めたり、現代文にしたりするなど、手を入れたことをお断りしておきたい。

昭和五十六年十月二十六日

今田洋三

『江戸の禁書』を読む

藤實久美子

今田洋三氏の高著『江戸の禁書』が、『歴史文化セレクション』に古典的名著として、第一刷から二十六年、第二刷から二十年を経て、復刊されることになった。これによって、今田洋三氏のお仕事が改めて、広く読まれ、継承されていくことを、僭越《せんえつ》ながら、まず慶び、期待したいと思う。以下、常道を踏んで、著者の主なお仕事を紹介し、その足跡の把握に努めることにしたい。

今田洋三氏の足跡

今田洋三氏は、昭和八年（一九三三）一月、山形に生まれた。東京教育大学大学院修士課程在籍中に、「元禄享保期における出版資本の形成とその歴史的意義について」（『ヒストリア』第一九号、一九五七年）を発表。のち東京都立上野高等学校の教諭となり、西山松之助氏の江戸町人研究会、地方史研究協議会に所属。「江戸出版業の展開とその特質」（『出版研究』第三号、一九七二年）、「江戸の出版資本」（西山松之助編『江戸町人の研究』第三巻、吉川弘文館、一九七四年）を発表。また出羽国村山郡谷《や》地《ぢ》郷《ごう》の村々にフィールドを定めた「農民における情報と記録」（『地方史研究』一三一号、一九七四年十月)、「幕末における農民と情報」(『地方文化の伝統と創造』雄山閣出版、一九七六年)、「農民と情報」(木村礎編『地方文化の日本史』第七巻、文一総合出版、一九七八年)等を発表。この間の昭和五十二年(一九七七)、『江戸の本屋さん――近世文化史の側面――』が日本放送出版協会から刊行されている。

その後、近畿大学に移られ、昭和五十六年(一九八一)、この『江戸の禁書』を世に送り出された。『江戸の禁書』との関係では、この前後に「馬場文耕とその著作について」(『日本文化史研究』笠間書院、一九八〇年)、「宝暦期の社会と文化――馬場文耕を中心として――」(山田忠雄・松本四郎編『講座日本近世史』第五巻、有斐閣、一九八八年)を発表されている。また『江戸の禁書』は「江戸時代前半期の禁書」を対象としており(三頁)、近世後期の禁書については、前掲『江戸の本屋さん』で検討されているほか、「江戸の災害情報」(『江戸町人の研究』第五巻、一九七八年)がすでにあった。『江戸の禁書』以後では、「江戸のベストセラー・情報と出版」(『朝日百科・日本の歴史』第九巻、一九八九年)、「出版と情報」(『新修大阪市史』第四巻、一九九〇年)、「十九世紀のメディア事情」(竹内誠編『日本の近世』第一四巻、中央公論社、一九九三年)等を執筆されている。

のち東京家政学院大学に移られ、『江戸の禁書』との関係では、「筆禍と出版機構」(『国文学』第四二巻第一一号、学燈社、一九九七年)を発表されている。平成十年(一九九八)十一月四日没。

『江戸の禁書』の描く世界

次に本題となる『江戸の禁書』の内容を紹介する。『江戸の禁書』は、①「禁書目録」、②「文耕獄門」、③「出版取締り令と禁書」、④「市民的文化活動の盛り上がり」、⑤「偽書の時代」の五章立てである。

①「禁書目録」は、明和八年（一七七一）八月、京都の本屋仲間の三組行司が編集、刊行した「禁書目録」を指す。本史料は五部門からなる。以下、若干の補記をしつつ示せば、

第一は、貞享二年（一六八五）に示された「南京船持渡唐本国禁耶蘇書」。これはキリスト教関係書三八部。

第二に、「書本《かきほん》（写本）」が一二一部。これは朝廷や将軍家、また公家、武家に関係する記事を含む写本の雑史、実録体小説、世上の噂、浮説の類である。

第三は「絶版之部」。「好色本　享保八年停止」の一括ほか五一部。

第四は、「売買停止并仲間裁配」として好色本八部。これは京都の本屋仲間が自主的に売買を規制しているものかと考えられる。

第五に、「素人板弁他国板、売買断有之部」として、板株の既得権に抵触した重版、類版の類と思しきもの一七部である。

つまり、幕府が対キリスト教政策の一環として発した禁書令にかかる書籍、秘めやかな好色本は、禁書という表題から真っ先に頭に浮かぶものであるけれども、それらは、近世社会でその製作、売

買を禁止または自粛させられていた書籍の、一部を構成しているに過ぎないことが、冒頭で示されるのである。

②「文耕獄門」は、①の中で、第二に掲げられていた「書本」の処分、それも極刑処分の実態を扱い、「書本」一二三部に、馬場文耕の作品は漏れていることを指摘し、「禁書目録」を遥かに上まわる数の禁じられた「書本」が存在したことを論証する。

講釈師は、虚を語って当たり前である。馬場文耕の作品と称される雑史、浮説の類は、近代アカデミズムにとっては本格的史料たりえぬとされ、長く研究対象の埒外《らちがい》におかれていた。したがって、幕府の正史『徳川実紀』に採用される「近代公実厳秘録」「明君享保録」等を含め、文耕の作品目録を示し、処罰事件の経過などを明確にしたことにまず、今田氏のお仕事の意義はある。

なお「文耕獄門」とは、宝暦八年（一七五八）九月十六日、文耕が金森騒動を出し物「森《もり》の雫《しずく》」に仕立て、夜講釈《よごうしゃく》をし、その台本を「書本」にして配布した罪により、捕らえられ、翌日投獄され、取り調べの後、同年十二月二十九日に獄門にかけられたこと。弟子の文長こと源吉と九名の貸本屋が連座し、江戸払い、軽追放などに処された事件をいう。

江戸の情報が村々に伝わったように、村の情報は江戸に伝わり、特に公事宿《くじやど》が集中する馬喰町《ばくろちょう》とその周辺は情報の結節点となり、隠れた協力者（幕臣など）の存在もあって、幕府評定所で審議中の金森騒動などに関する情報を、貸本屋から入手し、文耕は講釈の台本、「書本」を作成することができた。このように今田氏は、文耕の処罰を一事件に終わらせずに、口頭による情報伝達、情報の共有という問題に引き上げて、解釈している。この今田氏の論考の広がりは、先に掲げた出羽国村山郡谷地郷についての実証研究に基づいていよう。

③「出版取締り令と禁書」は、明暦三年（一六五七）七月の和製軍書に関する京都町触の紹介から始まる。現在、寛永二十一年（一六四四）二月の京都町触の存在が指摘され、幕府による出版取締りの嚆矢《こうし》の時期、内容は訂正されなければならないが、問題の本質ではなかろう。③は①の第二、第三に該当する書籍の検討であり、寛永二十一年令で絶版を命じられている「東照権現記」は、それらに包摂される問題だからである。

③は、五代将軍徳川綱吉の政治を非難する雑史、実録体小説、浮説の類に残された事実の痕跡を手繰り寄せたものである。いかに綱吉が流言情報を恐れ、厳しい弾圧を加えたのかについて、④「市民的文化活動の盛り上がり」の前半まで考察は続き、元禄十一年（一六九八）十二月の江戸の英《はなぶさ》一蝶《いっちょう》の三宅島への配流処分は、「馬のもの言」事件に関係があったことを示唆する。

④の後半は、近松門左衛門に代表される元禄期の上方の演劇界、出版界へと論を展開し、当該期の江戸と上方の統制を比べ、江戸の言論統制の厳しさを指摘する。これを伏線として、享保七年（一七二二）に幕府が、その後の基本法令となる出版統制令（統制令の適用範囲は「書本」にまで及んだ点に注意しておくべきである）を全国に向けて発令するに至る、一年余の審議経緯を明らかにする。

八代将軍吉宗の出版取締令の立案過程は、元禄以来の出版界の発展、情報メディアの展開を認識した上で、慎重に政治的配慮をもって同令が出されたことを解明しているのである。

加えて、享保の出版取締令の対象に浄瑠璃本は含まれないとする見解を提示する。浄瑠璃本などを被差別的存在に据え置き、公認された本屋仲間（株仲間）の行司による検閲という一般文化統制とは違う仕組みを設けて統制した。浄瑠璃本などには、過度の統制をせず、常態は関知せず、見せしめ的処罰によって弾圧するという統制方法を幕府はとった。この見解は、今田氏の他のお仕事を読むことによってより明確になるが、幕府の情報統制の性質に迫って鮮やかである。

⑤「偽書の時代」は、①「禁書目録」の第二、第三に類する書籍の検討である。神道書・文学書・系図・軍書の偽造、断絶した家系への仮託と、論述は具体的である。偽書作成の動機は、神領回復運動、仕官のための粉飾など、多様であったが、虚偽を覆うために大部に及ぶことになった偽書作成は、皮肉なことに偽作者の思想的武装、学問的発展を促し、その信奉者を生み出したことを、見事に描き出している。

〈偽〉なるものに注目し、〈偽〉を承知で容認する近世社会という像がここでは結ばれている。これは現在の由緒書、偽文書研究の成果と合わせて考究されていくべき、大きな課題である。

禁書か、発禁本か

ところで、『日本古典籍書誌学辞典』（岩波書店、一九九九年）の項目「禁書」に、今田氏は、次のように書かれている。

> 　禁書とは、世界史的意味においては、国家あるいは聖職機関によって読習・所蔵、出版・販売が禁止された書物である。西欧では教会が禁書目録を作成して厳しい異端禁圧の体制を敷き、中国では国家が禁書指定を行い、東西ともに死刑を含む統制を行なった。（中略）江戸時代における「国禁耶蘇書」以外の「絶版書」「売止め書」等の発禁本は、禁書として登録はされず、かつ私蔵・私習まで禁じられてはいないので、世界史的意味での禁書には当たらないとすべきであろう。

今田氏は「江戸の出版資本」で比較史的考察の必要を説いているが、世界史的意味での「禁書」の範囲はかなり狭いものになる。では、『江戸の禁書』でいう「禁書」は何と呼ぶべきか。やはり、今田氏が執筆された同書の項目「発禁本」を見てみよう。

> 　江戸幕府は、幕府にとって都合の悪い本を摘発して絶版処分とし、売買も禁止した。徳川幕府の成立、内情に関わる書き本（写本）も売買・貸本を禁止した。こうした本が発禁本であり、享保七年（一七二二）の出版条目に違反した本が発禁処分とされたのである。ただしこの出版条目には、輸入・売買厳禁とされた「国禁耶蘇書」については規定がない。幕府は、禁書としての「国禁耶蘇書」と、一般の発禁本とは区別していたのである。

右は、『江戸の禁書』の第一刷から十数年後の、今田氏の見解としてよいであろう。これをどのように受け止めて考えていくのか。今田氏より筆者らに与えられた課題である。

「江戸の出版資本」で今田氏は、書籍出版業の研究課題の一つに、「社会学的手法を歴史研究に導入し、コミュニケーション展開史研究の材料とする」ことを掲げ、また先に示した今田氏のお仕事のタイトルでは、一貫して、情報、メディアという言葉が用いられている。

これらを勘案すると『江戸の禁書』の主眼は、情報とメディアに、やはりあったのではないか。『江戸の禁書』において、そもそも出版メディア、書籍メディアは、多種多様に展開していたメディアの一つとされていたのではないかとの、思いが生じる。近世社会において出版業は成立、発展して、板本《はんぽん》は流布し、思想・文化、そして社会構造に影響を与えた。しかし、板本と「書本」は並存し、情報媒体は口頭、「書本」、板本、肉筆画、演劇、いずれでもあった。このことに『江戸の禁書』を通読することによって、改めて気づかされるのである。

最期に、今田氏は、当該社会の発禁本から政治文化史を立ち上げるために、『国書総目録』（岩波書店）を手がかりに、講釈、実録体小説、浮説、偽書という難解な研究対象に、書誌学的手法で果敢に切り込み、取り組まれた。書誌学は現在、近世史研究の中では史料空間論などを導入しての書籍史料学へと進み、筆者は近世書籍文化論の構築を目指している。そのため、書籍史料学、書籍文化論の立場から、今回、『江戸の禁書』の意義を述べることになったが、『江戸の禁書』は広く近世社会、近世文化を学ぶ者にとって必読の書であり、その意義は別の角度から多く見出されることであろう。とりわけ右で確認した今田氏の果敢な研究姿勢は、しっかりと捉えられるべきであって、『江戸の禁書』は史料という大海に挑むとき、灯台のような役割を果たしてくれる書となるであろう。今田氏のお仕事の核心に迫ることができたのか、はなはだ心もとない限りであるが、ここに読後文を閉じたい。

〈二〇〇七年六月〉

（ふじざね・くみこ　学習院大学史料館客員研究員）

＊本書は、一九八一年（昭和五十六）に、『〈江戸〉選書』の一冊として、吉川弘文館より初版第一刷を刊行したものの復刊である。

著者略歴
一九三三年　山形県に生まれる
一九五八年　東京教育大学大学院修士課程修了
近畿大学教授などを歴任
一九九八年　没

〔主要著書・論文〕
江戸の本屋さん　江戸の出版資本（『江戸町人の研究』3）　江戸の災害情報（『江戸町人の研究』5）　十九世紀のメディア事情（『日本の近世』14）

歴史文化セレクション

江戸の禁書

二〇〇七年（平成十九）八月二十日　第一刷発行

著　者　今《こん》田《た》洋《よう》三《ぞう》
発行者　前田求恭
発行所　株式会社　吉川弘文館
郵便番号一一三—〇〇三三
東京都文京区本郷七丁目二番八号
電話〇三—三八一三—九一五一〈代表〉
振替口座〇〇一〇〇—五—二四四番
http://www.yoshikawa-k.co.jp/
印刷＝株式会社 平文社
製本＝誠製本株式会社
装幀＝清水良洋

ISBN978-4-642-06338-8

歴史文化セレクション

発刊にあたって

悠久《ゆうきゅう》に流れる人類の歴史。その数ある文化遺産のなかで、書物はいつの世においても人びとの生活に潤《うるお》いと希望、そして知と勇気をあたえてきました。この輝かしい文化としての書物は、いろいろな情報手段が混在する現代社会はもとより、さらなる未来の世界においても、特にわれわれが守り育て受け継がなければならない、大切な人類の遺産ではないでしょうか。

文化遺産としての書物。この高邁《こうまい》な理念を目標に、小社は一八五七年（安政四）の創業以来、専《もっぱ》ら日本史を中心とする歴史書の刊行に微力をつくしてまいりました。もちろん、書物はどの分野においても多種多様であり、またそれぞれの使命があります。いつでも購入できるのが望ましいことは他言を要しませんが、おびただしい書籍が濫溢《らんいつ》する現在、その全てを在庫することは容易ではなく、まことに不本意な状況が続いておりました。

このような現況を打破すべく、ここに小社は、書物は文化、良書を読者への信念のもとに、新たに『歴史文化セレクション』を発刊することにいたしました。このシリーズは主として戦後における小社の刊行書のなかから名著を精選のうえ、順次復刊いたします。そこには、偽《いつわ》りのない真実の歴史、魅力ある文化の伝統など、多彩な内容が披瀝《ひれき》されています。いま甦《よみがえ》る知の宝庫。本シリーズの一冊一冊が、現在および未来における読者の心の糧《かて》となり、永遠の古典《クラシック》となることを願ってやみません。

二〇〇六年五月

吉川弘文館